C·H·Beck
PAPERBACK

W0054517

Was heißt überhaupt Demokratie? Sind Wahlkämpfe Geldverschwendung? Ist die Frauenquote undemokratisch? Was ist wichtiger: Freiheit oder Gleichheit? Nutzt oder schadet das Internet der Demokratie? Paul Nolte, Historiker, Publizist und ausgewiesener Experte für Demokratiefragen, bietet mit diesem Band der Reihe «101 Fragen» eine ebenso kompetente wie handliche Einführung in eines der zentralen Themen der Politik.

Paul Nolte, geb. 1963, ist Professor für Neuere Geschichte mit Schwerpunkt Zeitgeschichte an der Freien Universität Berlin und Präsident der Evangelischen Akademie zu Berlin. Zuletzt erschien von ihm bei C.H.Beck der viel beachtete Band *Was ist Demokratie? Geschichte und Gegenwart* (2012, bsr 6028).

Inhalt

VI Demokratie in Bewegung

VII Demokratie – was sonst?

VIII Demokratie als Lebensform

IX Europa, der Westen, die Welt

Statt einer Einleitung

1. Lust auf Demokratie? Kann man sich für Demokratie begeistern, heiße Gefühle entwickeln, sie vielleicht sogar lieben? In dem berühmten Gemälde von Eugène Delacroix führt eine barbusige Frau als Allegorie der Freiheit das Volk auf die Barrikaden der Pariser Julirevolution von 1830 – gewiss eine sehr männliche Sicht auf die Erotik der Freiheit, aber immerhin hat Politik da mit Emotionen zu tun, mit überstürmender Begeisterung und nicht nur mit kalt kontrollierter Vernunft. In der Geschichte und den theoretischen Begründungen von Demokratie spielt der Bezug auf Vernunft immer wieder eine zentrale Rolle. Leidenschaften gelten als gefährlich, es gilt sie zu zügeln, damit ihre Willkür und ihr Egoismus nicht dem sorgsam abgewogenen Gemeinwohl schaden. Wir lernen Demokratie als eine Vernunfttheorie, als Teil der abendländischen Aufklärung und Rationalität, von dem vernünftigen Vertragsschluss bei John Locke (1632–1704) über Immanuel Kants (1724–1804) Appell an den Gebrauch des eigenen Verstandes («sapere aude!») bis zur Demokratietheorie von Jürgen Habermas (geb. 1929) in unserer eigenen Zeit, die auf der Idee vernünftiger Verständigung beruht. Der andere soll durch «gute Gründe» überzeugt statt durch den Überschwang der Gefühle mitgerissen werden.

Die politische Kultur der Deutschen hat ein besonders unfrohes Verhältnis zur Demokratie. Nicht nur die ausgelassene, sondern auch die pathetische Feierlichkeit ist ihnen suspekt, wenn sie auf politische Rituale in Frankreich oder in den USA blicken: auf die Inszenierung der republikanischen Nationalfeiertage, auf das inbrünstige Singen der Nationalhymne. Die Freiheit tritt, auch in ihren Symbolen, im Sturm der Gefühle auf, nicht nur auf den Barrikaden, sondern auch mit Fackel im New Yorker Hafen, oder – das gab es auch in Deutschland, im frühen 19. Jahrhundert – als Freiheitsbaum, um den herum man Feste der Demokratie feierte. Der Maler Norman Rockwell verlieh den vom amerikanischen Präsidenten Franklin D. Roosevelt verkündeten «vier Freiheiten» während des Zweiten Weltkriegs visuellen Ausdruck. Der knusprige Truthahn an der Familientafel signalisierte: Bei so viel Freiheit läuft mir das Wasser im Mund zusammen! Oder die Leidenschaft wird so stark, dass sie das eigene Leben zu opfern bereit ist: «live free or die», wie es im Staatsmotto von New Hampshire seit 1945 heißt.

In Deutschland dagegen hieß der Übergang zur Demokratie, endlich zur Vernunft zu kommen. In der Herrschaft des Nationalsozialismus schien sich der Sieg des Irrationalen auszudrücken und die
politische Gefahr unkontrollierter Leidenschaften, von denen sich
allzu viele Menschen hatten mitreißen lassen – Bilder des Nürnberger
Reichsparteitages oder der Berliner Sportpalastrede von Joseph Goebbels am 18. Februar 1943 kommen unwillkürlich in den Sinn. Schon
am Anfang des 20. Jahrhunderts hatte Max Weber (1864–1920) zwischen «charismatischer» und «rationaler» Herrschaft unterschieden.
Zwar gehörte seine eigene Sympathie durchaus solchen demokratischen Politikern, die über Charisma verfügten und Emotionen
wecken konnten. Aber nach dem Charismatiker Hitler waren in der
frühen Bundesrepublik politische Leidenschaften verpönt. Das demokratische Grundgefühl des westdeutschen Staates war eher die
Erleichterung des Überstandenen, und bis heute verknüpft sich die
Feier von Demokratie in Deutschland unweigerlich mit der sehr erns-
ten Erinnerung an die Schrecken der Diktaturen. Demokratische
Rituale wie das Wählen vollziehen sich nicht in bunter Volksfeststim-
mung, sondern in ernster Feierlichkeit, auch wenn sich das frühere
Wahlsonntagsritual: nach dem Gottesdienst an die Urne weithin aufgelöst hat.

Dass es auch anders geht, zeigte schon 1965 der Schriftsteller
Günter Grass bei seinem Wahlkampfeinsatz für Willy Brandt (1913–
1992) und die «Es-Pe-De». Seinen Zuhörern präsentierte er ein «Lob-
lied auf Willy» unter dem Titel «Dich singe ich, Demokratie». Damit
knüpfte er an den amerikanischen Dichter Walt Whitman (1819–
1892) an, den Grass einen «Lincoln der Sprache» nannte, indem er die
Demokratie mit Leidenschaft und ebenso mutig wie humorvoll be-
sungen habe. Etwas Ähnliches wollte Joseph Beuys zur selben Zeit mit
seiner politischen Aktionskunst ausdrücken. Wie schon in den 1960er
Jahren, erinnern auch am Anfang des 21. Jahrhunderts Künstler wieder häufiger an die expressive und emotionale Qualität von Demokratie. Der kanadische Aktivist und Aktionskünstler Dave Meslin fragt
«How does democracy make you feel?» und fordert zum «Flirt mit der
Demokratie» über Twitter auf. Man muss ihr gegenüber jedenfalls
nicht nur das «Pflichtgefühl» an den Tag legen, das auch Politiker so
gern beschwören. Und demokratische Leidenschaften können ein wei-
tes Spektrum abdecken, das Freiheitsliebe einschließt, aber auch Em-
pörung, Wut und den gerechten Zorn auf ungerechte Verhältnisse.

2. Oder Demokratiefrust? Demokratieverdruss ist weit verbreitet – als Enttäuschung über mangelnde Leistungen des politischen Systems, als Ärger über korrupte Politiker, als Frustration über die engen Grenzen der eigenen Wirksamkeit: «die da oben machen ja doch, was sie wollen». Zur Verdrossenheit im eigentlichen Sinne werden solche Gefühle erst dann, wenn es keine Abhilfe mehr zu geben scheint, man sein eigenes Engagement einstellt und sich abwendet: keine Beteiligung an der Wahl mehr und Wegzappen bei der Tagesschau. Von solcher Verdrossenheit ist in den letzten Jahren viel die Rede, aber es ist durchaus umstritten, ob sie ein größeres Ausmaß angenommen hat als früher. Die Zustimmung zur Demokratie im Allgemeinen und zum politischen System der Bundesrepublik im Besonderen ist zuletzt sogar wieder gewachsen.

Eine goldene Zeit der uneingeschränkten Begeisterung hat es ohnehin nie gegeben. Die Begriffe «Politikverdrossenheit» und «Parteienverdrossenheit» reichen weit in die Geschichte der Bundesrepublik zurück. Mindestens bis in die 1960er Jahre war solcher Frust von traditionellen, vor allem bildungsbürgerlichen Vorbehalten geprägt, die schon der Weimarer Republik das Leben schwer gemacht hatten. Noch lange nach der Verabschiedung des Grundgesetzes mussten die Westdeutschen lernen, dass ihre neue politische Ordnung derjenigen des Nationalsozialismus und auch dem Kaiserreich, das die ältere Generation gerne nostalgisch beschwor, überlegen war. Heute spielt die Last der Geschichte nur noch eine geringe Rolle; viele Jüngere wissen nicht einmal davon. Trotzdem – die Unzufriedenheit mit der Demokratie wendet sich in Deutschland schneller als anderswo ins Grundsätzliche, anstatt auf pragmatische Verbesserungen zu pochen. Demokratieverdrossenheit lässt sich nur schwer in andere Sprachen übersetzen.

Oft wird der Demokratiefrust zum Auslöser des Engagements in der Demokratie, nämlich sobald Bürgerinnen und Bürger ihren Ärger artikulieren, statt zu resignieren. Am Anfang des 21. Jahrhunderts hat sich ein scheinbar paradoxer Zusammenhang etabliert, nicht nur in Deutschland, nicht nur in den westlichen Ländern, sondern überall auf der Welt und in globalen Protestbewegungen: Enttäuschung und Ärger über die klassischen Mechanismen der Politik, über die traditionellen Chancen der Partizipation (in Parteien, in Wahlen) nehmen zu, aber ebenso die Beschwörung der Demokratie, einer «eigentlichen» und besseren Demokratie, als positives Gegenbild zu der enttäuschenden Realität. Demokratie ist in aller Munde, auf allen Plakaten und Transparenten. Sie ist, mehr als jemals zuvor in der Geschichte, zu einem globalen Sehnsuchtsraum und Erwartungshorizont geworden.

Im Herbst 2011 fuhren Busse durch Florenz, auf denen in großen Buchstaben der englische Schriftzug «Declining Democracy» zu lesen war. Er wies auf eine Ausstellung hin, die sich mit dem Zustand der Demokratie beschäftigte. Das provokative Wortspiel illustriert den Zusammenhang von Frust und Verlustangst einerseits, Hoffnung und Neuerfindung andererseits: Demokratie im Abstieg? Demokratie neu «durchdeklinieren», neu denken!

I Demokratie macht Staat

3. Was heißt überhaupt Demokratie? Viele Begriffe in der politischen Sprache sind griechischer oder lateinischer Herkunft. Das Wort Demokratie bedeutet Herrschaft des Volkes und setzt sich aus den beiden altgriechischen Wörtern *demos* und *kratein* zusammen. Aber das «Volk» ist ein schillernder, mehrdeutiger Begriff: Er kann positiv, ja emphatisch das politische Volk bezeichnen, aber auch abwertend für das «gemeine Volk», die einfachen Leute, den Pöbel stehen. Ähnliches galt schon in der Antike für den *demos*. Aristoteles, der wichtigste Verfassungstheoretiker des alten Griechenland, sprach in diesem Sinne geringschätzig von der Demokratie als einer Herrschaftsform, in der es turbulent und chaotisch statt klug und besonnen zuging. Sein Leitbild einer guten, vernünftigen Mehrheitsherrschaft nannte er «Politie». Dazu passt: Das Verb *kratein* bedeutet herrschen, Macht ausüben. Vornehmer und zurückhaltender war *archein*: führen oder leiten, das in anderen Staatsformbegriffen wie Monarchie bis heute begegnet. Insofern könnte das, was wir Demokratie nennen, auch «Demarchie» heißen; oder, weil die Bindung an Gesetze (*nomoi*) besonders wichtig ist, «Nomarchie». So hat das Wort Demokratie etwas Sperriges, Unbequemes an sich.

Seine unzweifelhaft positive Bedeutung nahm es erst spät, im Verlaufe des 20. Jahrhunderts an. Bis dahin war Demokratie immer wieder umstritten und kaum der Ausdruck für die ideale Herrschaftsform, weder in der politischen Theorie und Philosophie noch bei den Politikern selber. Oft erschien die Demokratie, in der Antike ebenso wie im 18. und 19. Jahrhundert, als schiere Unmöglichkeit: Wie sollte das Volk mit seiner Dummheit, mit all seinen Launen und Leidenschaften tatsächlich herrschen, ein Staatswesen leiten können? Bestenfalls verwies man, wie der aufgeklärte preußische Staatskanzler Karl August von Hardenberg (1750–1822) unter dem Eindruck der Französischen Revolution, die Möglichkeit der Demokratie in eine utopische Zukunft. Insofern hat nicht nur die Praxis, sondern auch der Begriff der Demokratie eine erstaunliche Karriere gemacht, und eine zunehmend globale Karriere dazu. Dabei erweist sich ein Vorzug des griechischen Begriffes: Er klingt und schreibt sich in den wichtigsten europäischen Sprachen und darüber hinaus fast gleich.

4. Was ist der Unterschied zwischen Demokratie und Republik? Offiziell ist der Unterschied klar. Republik ist (wie Monarchie) die Bezeichnung für eine *Staats*form. Deshalb ist «Republik» Bestandteil vieler amtlicher Namen von Staaten: *République Française*, also «Französische Republik» (nicht Republik Frankreich); ähnlich *Repubblica Italiana*. Da wird die Länderbezeichnung sogar zum ergänzenden Adjektiv, die Hauptansage ist: Wir sind Republik! Oder: Republik Südafrika, Republik Polen (mit dem polnischen Wort *Rzeczpospolita*, das auf die Adelsrepublik des 18. Jahrhunderts verweist). Diese Feststellung ist grundlegender als die *Regierungs*form, die Demokratie heißen kann, oder Militärherrschaft, oder Autokratie, d. h. die Alleinherrschaft eines Diktators oder autoritären Führers.

Die Republik lässt sich vereinfacht als das Gegenteil der (Erb-) Monarchie bezeichnen. Wo der König (oder Kaiser, Fürst) gestürzt ist, beginnt die Republik. So war es schon im antiken Rom, und als dort die Republik am Ende war, trat die Monarchie wieder an ihre Stelle, ein neues Kaisertum, von Augustus zunächst als «Prinzipat» verbrämt. Oder man kann Republik mit Selbstregierung übersetzen, wobei das «wir selbst» (statt: der König über uns) bis in das 20. Jahrhundert meist eine privilegierte Minderheit der Bürgerschaft bezeichnete. Insofern ist die Republik oft eine Vorstufe der Demokratie, eine Art exklusive Proto-Demokratie. So wurden dreizehn britische Kolonien in Nordamerika 1776 zu Republiken, aber damit noch nicht zu Demokratien, nicht einmal im eingeschränkten Sinne einer Demokratie der weißen Männer – dieses Ziel war erst um 1830 erreicht. Südafrika in der Zeit der Apartheid war eine Republik, aber erst nach Aufhebung der Apartheid, mit den ersten allgemeinen Wahlen 1994, wurde es zur Demokratie.

Obwohl ausgerechnet einer Monarchie, nämlich England, der inoffizielle Ehrentitel eines «Mutterlandes der Demokratie» zuteilwird, ist die Entstehung der modernen Demokratien ohne Republiken und republikanische Bewegungen schwer vorstellbar. Der republikanische Anspruch auf Freiheit und Selbstregierung ließ sich irgendwann nicht mehr auf eine Minderheit beschränken. Republiken entstanden häufig, bis in die Dekolonisation der 1960er Jahre, aus Unabhängigkeitsbestrebungen gegenüber einem Imperium, einer kolonialen Vormacht. Die Freiheit nach außen führte nicht automatisch zu innerer Freiheit und Demokratie, warf aber fast immer die Frage danach auf. Ganz eng war die Verbindung beider Ziele auch in der deutschen Arbeiterbewegung, vom «Freien Volksstaat» der 1870er Jahre bis in die Revolution von 1918/19. Wo jedoch die Demokratie auf langsamem, reformerischem Wege gewachsen war, konnten auch die Monarchien im 20. Jahrhundert weiter bestehen wie in Großbritannien und Skandinavien, ja in Krisensituationen zum Identitätsstifter und Garanten demokratischer Freiheit werden. Die Europäische Union hat sich darauf eingestellt: Sie ist kein Bündnis von Republiken, sondern von Demokratien.

5. Sind Nationen eine Gefahr für die Demokratie? Diese Frage brennt den Deutschen mehr auf den Nägeln als anderen Nationen, weil sie im 19. und 20. Jahrhundert besonders schlechte Erfahrungen mit dem Nationalismus gemacht haben. Im Vormärz und in der Revolution von 1848/49 überlappten sich Nationalismus und demokratisches Freiheitsstreben. Mit der Nationalhymne, dem «Deutschlandlied» von August Heinrich Hoffmann von Fallersleben (1798–1874), begleitet uns diese Ambivalenz bis heute. Im wilhelminischen Kaiserreich reüssierten radikal-nationalistische Organisationen wie der «Alldeutsche Verband», die nicht nur autoritären Politikkonzepten huldigten, sondern auch einer aggressiven Vorstellung von der Überlegenheit der Deutschen über andere Völker. Dazu kam eine rassisch aufgeladene Idee von der deutschen Nation, die Minderheiten im eigenen Land aus der nationalen Gemeinschaft ausschließen wollte und damit dem Nationalsozialismus vorarbeitete. Bei allem Leiden an der Teilung Deutschlands seit 1945 waren deshalb viele nicht unglücklich darüber, dass der Nationalstaat zerbrochen war. Demokratie musste, das war eine wichtige Erfahrung der Bundesrepublik (und auch Teil des Selbstverständnisses der DDR), gegen den Nationalismus erstritten und außerhalb des Nationalstaates verwirklicht werden.

Aber es gibt auch einen engen Zusammenhang zwischen Nationalismus und Demokratie. Der Nationalismus entstand im späten 18. Jahrhundert als eine Befreiungs-, als eine Emanzipationsbewegung gegen Monarchien und Imperien, gegen autoritäre Herrschaft und Bevormundung. Die Begriffe «Nation» und «Volk» sind in der politischen Sprache eng verbunden, und zwar nicht nur im «völkischen» Sinne, sondern auch im emphatischen und egalitären. Wenn das «Volk» sich erhebt, denkt man seit der Französischen Revolution an unterdrückte Unterschichten, aber auch an den Anspruch auf staatsbürgerliche Gleichheit. Gegenüber der Ständegesellschaft war die Nation ein universelles Prinzip: keine Privilegien, gleiche Rechte für alle Angehörigen der Nation. In der Dekolonisation, im Abstreifen der kolonialen Vorherrschaft des Westens, mobilisierten Befreiungsbewegungen einen neuen Typ des emanzipatorischen Nationalismus. Auch 1989/90 in Ostmitteleuropa und im Baltikum stand die Erlangung nationaler Unabhängigkeit in engstem Zusammenhang mit dem Übergang von der Parteidiktatur in die liberale Demokratie. Sogar Tschechen und Slowaken gingen eigene Wege. Die hässliche Seite des Nationalismus blieb dabei nicht verborgen; sie zeigte ihr Gesicht immer wieder in arroganter oder repressiver Politik gegen nationale Minderheiten im eigenen Land.

Nation und Demokratie – das wird also ein zwiespältiges Verhältnis bleiben. Einerseits nimmt das Gewicht transnationaler Formen von Demokratie zu (siehe 82, 96). Andererseits bleibt der Nationalstaat das wichtigste Gehäuse demokratischer Verfasstheit, zu dem Alternativen nicht leicht erkennbar (oder durchsetzbar) sind. Der Nationalstaat ist der primäre Raum der Verbürgung von Freiheitsrechten, von Zugehörigkeit und politischer Partizipation – und der sozialen Solidarität in dem Maße, wie der Sozialstaat im nationalstaatlichen Rahmen gewachsen ist.

6. Was ist Gewaltenteilung? Im 18. Jahrhundert stieß die Machtkonzentration der absolutistischen Herrscher auf Kritik. Politische Willkür und Tyrannei könnten vermieden werden, meinten aufklärerische Schriftsteller wie Montesquieu, wenn derjenige, der Gesetze erlässt, nicht auch noch für ihre Ausführung verantwortlich ist, und wenn daneben unabhängige Gerichte als Prüfinstanzen stehen. Seitdem unterscheidet man die gesetzgebende, die vollziehende und die rechtsprechende Gewalt, oder mit den lateinischen Begriffen: die Legislative, die Exekutive und die Judikative. In unterschiedlichen Formen gehört diese Gewaltenteilung zum Kern des Selbstverständnisses moderner Demokratien und ist häufig in der Verfassung verankert. Nach Artikel 20, Absatz 2 des Grundgesetzes übt das Volk die Staatsgewalt «in Wahlen und Abstimmungen und durch besondere Organe der Gesetzgebung, der vollziehenden Gewalt und der Rechtsprechung» aus.

Der grundlegende Impuls ist derselbe geblieben wie in der Kritik des absoluten Monarchen: Die Konzentration von Macht in einer

Person (oder einem Staatsorgan, einer Partei, usw.) soll verhindert werden. Im 20. Jahrhundert hat die Erfahrung von Diktaturen unterstrichen, wie wichtig das ist. Im «Ermächtigungsgesetz» gab das Parlament, also die Legislative, am 23. März 1933 seine Macht an die von Hitler geführte Regierung ab – das war ein entscheidender Schritt in der Abschaffung der Weimarer Demokratie.

Im kontinentalen Europa wird der Trennungsgedanke akzentuiert; man sagt oft Gewalten*trennung*. Die englische und amerikanische Tradition betont die Balance und gegenseitige Kontrollfunktion der Gewalten – das nennt man *checks and balances*. König, Oberhaus und Unterhaus in England sollen sich gegenseitig ausbalancieren. Darin lebt das alte Ideal einer gemischten Verfassung ebenso fort wie in der amerikanischen Verfassung, wo der Präsident das monarchische Element (und damit zugleich die Exekutive) verkörpert, der Senat die Weisheit einer Aristokratie und das Repräsentantenhaus die Stimme des Volkes.

In dieser Dreiteilung fehlen noch die Gerichte. Die Forderung nach einer (von der Staatsgewalt, besonders der Exekutive) unabhängigen Justiz hat teilweise eigene Wurzeln. Im 19. und 20. Jahrhundert sind die Gerichte verstärkt zur Kontrollinstanz der beiden anderen Gewalten geworden: Verwaltungsgerichte überprüfen exekutives Handeln von Behörden; Verfassungsgerichte schauen dem Gesetzgeber auf die Finger. Die Abgrenzung von Legislative und Exekutive dagegen ist schwieriger, besonders in parlamentarischen Regierungssystemen. Hier stößt das Prinzip der Gewaltenteilung nämlich mit dem einer Regierung des Volkes, das im Parlament repräsentiert ist, zusammen. In der Weimarer Republik (bis 1930) und in der Bundesrepublik bildet die Parlamentsmehrheit die Regierung, auch wenn Kanzler und Minister nicht unbedingt Mitglieder des Bundestages sein müssen. Deshalb knirscht es gelegentlich im Getriebe: Sollen Minister ihr Abgeordnetenmandat aufgeben, weil eine «Trennung von Amt und Mandat» demokratischer ist und der Gewaltenteilung besser entspricht? Oder wäre das eine Rückkehr zu vordemokratischen Verhältnissen der Unterscheidung von Volksvertretung und Regierung?

Seit einiger Zeit verschiebt sich die Bedeutung dieses Konzeptes, zum Beispiel durch die Überlagerung von nationalen und europäischen Institutionen. So kann man die Europäische Union als eine vertikale Gewaltenteilung verstehen (im Unterschied zur klassischen, horizontalen), als ein neues System der *checks and balances*. Im weiteren Sinne gehört auch ein gestufter Staatsaufbau wie der deutsche Föderalismus dazu. So wird Gewaltenteilung in der neuen Demokratie der multiplen Ebenen und Akteure sogar wichtiger als zuvor.

7. Wofür brauchen demokratische Staaten eine Verfassung? Eine Verfassung jedenfalls macht einen Staat noch lange nicht zur Demokratie. Im 20. Jahrhundert haben sich auch Diktaturen und autoritäre Regimes Verfassungen gegeben, und das Deutsche Kaiserreich von 1871 hatte ebenfalls eine Verfassung, eine relativ moderne sogar, ohne eine Demokratie zu sein. Umgekehrt gibt es bis heute einige demokratische Länder ohne Verfassung, allen voran natürlich England bzw. das Vereinigte Königreich. Halt, es gibt eine «ungeschriebene Verfassung» und sogar den Begriff einer *British Constitution*. Damit meint man die Summe der Grundregeln, nach denen dieses Gemeinwesen funktioniert, zum Beispiel im Zusammenspiel von Monarchie und Parlament. Das ist aber keineswegs nur eine Sache in den Köpfen, von Regeln, die zur Gewohnheit geworden sind und auf deren Einhaltung man sich verlassen kann. Vieles ist durchaus schriftlich festgehalten, nur eben nicht in einem einzigen Verfassungsgesetz konzentriert. Im engeren Sinne versteht man unter Verfassung also ein solches Staatsgrundgesetz, eine geschriebene Verfassungsurkunde, eine «Konstitution».

Die ersten modernen Verfassungen waren die Einzelverfassungen der nordamerikanischen Staaten, die 1776 ihre Unabhängigkeit von Großbritannien erklärten. Dann sprang der Funke nach Europa: zunächst nach Polen und nach Frankreich im Jahre 1791, weiter zur spanischen Verfassung von 1812, und zur selben Zeit auch in die deutschen Staaten. Baden besaß seit 1818 die fortschrittlichste von ihnen, und das erwies sich im Vormärz als guter Nährboden für demokratische Strömungen. Preußen und Österreich, die beiden größten deutschen Staaten, zogen erst in der Revolution von 1848/49 nach.

Was steht überhaupt in einer Verfassung? Daran hat sich seit mehr als zweihundert Jahren erstaunlich wenig geändert. Drei Elemente finden sich fast immer: Erstens beginnt eine Verfassung häufig mit einer Souveränitätserklärung, mit einer fundamentalen Begründungsformel. Dazu dient häufig ein Vorspann, eine Präambel. Am berühmtesten ist wohl das «We, the People» der amerikanischen Bundesverfassung von 1787, aber auch deutsche Verfassungen folgen diesem Muster. Zweitens folgt auf diesen «deklaratorischen» meist ein organisatorischer Teil, der die Institutionen und Mechaniken des Staates regelt: Ämter, Organe, Wahlen, Zuständigkeiten. So lässt sich aus jeder Verfassung der grundlegende Staatsaufbau erkennen: Wer wählt wen, wer darf was? Die dritte Komponente ist ein Grundrechteteil. Früher war er oft nachrangig, geradezu ein Anhang der Verfassung wie die amerikanische *Bill of Rights* von 1791: eigentlich die ersten zehn Zusatzartikel (*amendments*) der Bundesverfassung. Als Konsequenz aus nationalsozialistischer Diktatur und Gewalt rückte der Parlamentarische Rat 1948 die Grundrechte, angefangen mit der Unantastbarkeit der Menschenwürde, ganz an den Beginn der (noch provisorisch gemeinten) westdeutschen Verfassung, unmittelbar hinter die Präambel, und erklärte sie als «unmittelbar geltendes Recht».

Die Bedeutung einer Verfassung ergibt sich aber nicht nur daraus, ob man sie im Zweifelsfall vor Gericht einklagen kann. Es gibt auch eine «weiche» Dimension der öffentlichen Wirkung und kulturellen Bedeutung von Verfassung, bei der große Unterschiede zwischen den Demokratien auffallen. Deutschland und die USA sind Länder mit markant ausgeprägter Verfassungskultur, Frankreich dagegen eher nicht. Dem entspricht die Bedeutung der Verfassungsgerichtsbarkeit, des *Supreme Court* und des Bundesverfassungsgerichts. Dolf Sternberger und Jürgen Habermas plädierten für einen «Verfassungspatriotismus» der alten Bundesrepublik, für ein nationales Identitätsgefühl aus Zustimmung zur demokratischen Konstitution, weil der alte Nationalismus sich als gefährlich erwiesen hätte. So erhält die Verfassung geradezu eine Aura des Heiligen und zivilreligiöse Züge; sie wird zu einem sakralen Kern der modernen Demokratie.

8. Sind Parteien lästig oder unverzichtbar? Partei kommt von dem lateinischen Wort *pars*, für «Teil». Parteien drücken also aus, dass Menschen unterschiedliche Überzeugungen und Interessen haben, sich darin aber mit ungefähr Gleichgesinnten zusammenfinden. Es muss also, jenseits einer diktatorischen Einparteienherrschaft, mindestens zwei konkurrierende Parteien geben. Traditionsreiche Demokratien wie die USA und England sind, obwohl sie immer viele kleine Parteien kannten, als Zweiparteiensysteme entstanden und funktionieren bis heute überwiegend so. Die beiden großen Parteien bündeln grundlegende Präferenzen: eher konservativ oder eher progressiv? Eher wirtschaftsliberal oder eher staatsorientiert-sozialistisch? Im kontinentalen Europa, auch in Deutschland, überwiegen dagegen Mehrparteiensysteme, seit dem 19. Jahrhundert mit den drei Optionen: konservativ – liberal – sozialistisch bzw. sozialdemokratisch. Dazu kam häufig, besonders in katholischen Ländern, eine katholisch-konfessionelle Partei, in Deutschland bis 1933 das «Zentrum». Daraus gingen die christdemokratischen Parteien der Nachkriegszeit hervor.

Dabei können Parteien ganz unterschiedliche Formen annehmen. Zunächst sind sie Gesinnungsgemeinschaften. In vielen Ländern spielt die Partei als Organisation eine viel geringere Rolle als in Deutschland, zum Beispiel in den USA, wo eher die entsprechende Registrierung als Wähler zur «Demokratin» oder zum «Republikaner» macht. Immer aber geht es um die Bündelung von Interessen bei Wahlen, um die Durchsetzung eigener Kandidaten gegen die der konkurrierenden Parteien. Erst später, vor allem durch das Vorbild der Sozialdemokratischen Partei, hat sich die Vorstellung von der Partei als straff, hierarchisch und professionell organisiertem Verband verfestigt, der seine Mitglieder nicht nur zur Wahlurne ruft, sondern im gesamten Lebensumfeld begleitet, etwa in der Jugendgruppe oder im Arbeiterturnverein.

Bei der Gründung der Bundesrepublik waren die Deutschen stolz darauf, den Parteien endlich den ihnen in der Demokratie gebührenden Platz einzuräumen. Denn es gab eine tiefe Skepsis gegenüber dem vermeintlich unnützen Parteienstreit, gegenüber der Vielzahl egoistischer Interessen, die doch nur dem Gemeinwohl im Wege stünden. Das Grundgesetz stellt deshalb in Artikel 21 fest: «Die Parteien wirken bei der politischen Willensbildung des Volkes mit»; sie müssen außerdem selber demokratisch verfasst sein. Die Idealvorstellung von Demokratie war damals, 1949: Bürgerinnen und Bürger interessieren sich für Politik, streiten darüber, und organisieren sich in Parteien, die wiederum den Parlamentarismus als Kernstück der repräsentativen Demokratie tragen.

Gemessen an diesem Idealbild, hat die Parteiendemokratie ihren historischen Höhepunkt überschritten. Die Individualisierung seit den 1970er Jahren hat soziale und konfessionelle Milieus aufgelöst; oft sind populistische Bewegungen an ihre Stelle getreten. Das Parteiensystem der Nachkriegszeit ist in Ländern wie Italien kaum wiederzuerkennen. Auch den neuen Demokratien Ostmitteleuropas fiel es nach 1989 schwerer als den 1945er-Demokratien, feste Parteistrukturen zu verankern. Das politische Gewicht der Parteien nimmt ab, auch mit ihrer schrumpfenden und alternden Mitgliederschaft. Junge Leute zögern, in eine Partei einzutreten, und engagieren sich lieber für konkrete Projekte wie Menschenrechte oder Umwelt. Noch ist unsicher, ob sich die Parteien neu erfinden können.

9. Muss es eigentlich Regierung und Opposition geben? «Opposition ist Mist», erklärte der SPD-Politiker Franz Müntefering im März 2004, um seine Partei auf den Willen zur Regierungsbeteiligung einzuschwören. Warum können nicht alle Parteien und Gruppierungen, die ins Parlament gewählt sind, an der Regierung beteiligt werden? Das wäre eine Allparteienregierung, die es in der Bundesrepublik nie gab und die man auch anderswo nur in tiefsten Krisenzeiten für sinnvoll halten würde. Aber es gibt auch Länder, in denen genau dies das Ideal und die Normalität von Demokratie ist. Die Schweiz praktiziert eine «Konkordanzdemokratie», also eine Regierungsform der Übereinstimmung oder Eintracht (lateinisch *concordia*) aller Parteien bzw. Parlamentsfraktionen. Die Posten im Bundesrat, also in der Regierung, wurden über viele Jahrzehnte sogar nach einer festen «Zauberformel» an die Parteien verteilt, die sich an deren proportionaler Stärke orientierte.

Fast überall finden sich Spuren der konkordanzdemokratischen Idee, in Deutschland sogar vermehrt in der jüngsten Neigung zu Großen Koalitionen oder in dem Wunsch, in wichtigen Fragen möglichst alle Fraktionen einzubinden. Es ist aber genau diese Sehnsucht nach dem Konsens und die Angst vor dem scharfen Konflikt, die den Deutschen oft kritisch vorgehalten wird, ja, die sogar Teil ihrer antidemokratischen Traditionen ist, etwa als Kritik an dem «Parteiengezänk» in der Weimarer Republik. Deshalb hat sich die politische Kultur der Bundesrepublik für das andere Modell entschieden, für die Konkurrenzdemokratie, die nach dem Vorbild des englischen Parlaments auch als Westminster-Modell bezeichnet wird: Der Wahlsieger übernimmt die Regierungsverantwortung oder sucht sich Koalitionspartner, die ihm – auch ganz knapp – zur Parlamentsmehrheit verhelfen; die Wahlverlierer gehen in die Opposition.

Erstens wird so die parlamentarische Kontrolle der Regierung verstärkt. Denn theoretisch kontrolliert zwar das gesamte Parlament die Exekutive, aber für die Abgeordneten der Regierungspartei gilt das nur eingeschränkt. Neben ihrer Kontrollfunktion ist die Opposition, zweitens, auch Regierung im Wartestand. Sie soll jederzeit bereit sein, selber die Verantwortung zu übernehmen. Das setzt voraus, dass das Pendel bei den Wahlen tatsächlich in nicht zu langen Zyklen hin- und herschwingt; ein Mehrheitswahlrecht unterstützt diesen Wechsel. In der ungeschriebenen Verfassung Großbritanniens ist die Opposition seit dem 19. Jahrhundert kein trauriges Aschenputtel, sondern geradezu als politisches Organ offiziell anerkannt: «Her Majesty's Official Opposition». Drittens schließlich sollen auf diese Weise Konflikte nicht unter den Teppich gekehrt oder vorschnell in Kompromisse aufgelöst, sondern mit Hilfe einer möglichst scharfzüngigen Opposition klar herausgearbeitet werden, damit die ganze Gesellschaft sich über grundlegende Alternativen verständigen kann.

10. Müsste eine wahre Demokratie den Staat und jede Herrschaft abschaffen? An dieser Frage scheiden sich die Geister, auch wenn sie in der praktischen Politik kaum Bedeutung hat. Die meisten würden die Achseln zucken und sagen: Es gibt etwa zweihundert Staaten auf der Welt; umso besser, wenn sie demokratisch organisiert sind. Aber muss der Anspruch auf Gleichheit, Freiheit und Selbstbestimmung nicht so ernst genommen werden, dass eine herrschaftsfreie, eine möglichst «entstaatlichte» Gesellschaft das Fernziel wäre?

Besonders einflussreich war Friedrich Engels' (1820–1895) Schrift über den «Ursprung der Familie, des Privateigentums und des Staats» von 1884, aus der die berühmten Formeln vom «Absterben des Staates» und Übrigbleiben einer «Verwaltung von Sachen» stammen. Der revolutionär-utopische «Anarchismus» (Anarchie bedeutet ja wörtlich «Nicht-Herrschaft»), wie er etwa von dem Russen Michail Bakunin (1814–1876) vertreten wurde, folgte dem Ideal der Herrschafts- und Staatsfreiheit auf radikale Weise. Kurz vor der russischen Oktoberrevolution 1917 griff Lenin (1870–1924) die Überlegungen von Engels in «Staat und Revolution», einem seiner einflussreichsten Werke, auf. Für den «freien Volksstaat» der SPD hatte der Bolschewistenführer nur tiefste Verachtung übrig und nannte ihn eine «kleinbürgerlich schwülstige Umschreibung des Begriffs Demokratie». Jeder Staat sei, als Ausdruck von Klassengegensätzen, «unfrei». Im von ihm auf den Weg gebrachten Kommunismus der Sowjetunion entwickelte sich daraus jedoch ein unfreier Superstaat.

Staatsskepsis findet man in fast allen politischen Strömungen.

Ursprünglich war sogar der Konservatismus anti-staatlich, zum Beispiel aus der Perspektive des Adels, der in ländlicher Gesellschaft und ständischer Herrschaftsordnung um seine Rechte fürchtete. Wichtiger ist eine liberale Tradition, die bis heute die politische Kultur der Vereinigten Staaten prägt. Vom Staat wollen dort viele nichts wissen, und gerne beruft man sich auf Thomas Jefferson (1743–1826), wenn es heißt: «That government is best which governs least». Wer Staat und Regierung gar nicht mehr ertragen kann, zieht sich in Landkommunen zurück. Ein früher «Aussteiger» in seiner Hütte am einsamen See war Henry David Thoreau (1817–1862). Seine Rechtfertigung von zivilem Ungehorsam und von Widerstand gegen die Regierung lebt bis heute in Protest- und Alternativbewegungen fort. Ein anderes, neueres Motiv liberaler Staatsskepsis schließlich entspringt der Erfahrung des «totalen» Staates in den europäischen Diktaturen des frühen und mittleren 20. Jahrhunderts.

Am Anfang des 21. Jahrhunderts gewinnt demokratische Staatsskepsis neue Anziehungskraft. Wo der Abstand des Volkes zur politischen Klasse wächst, spielt die demokratische Legitimation der gewählten Politiker eine geringere Rolle – sie erscheinen den unzufriedenen Bürgern als repressive Obrigkeit. Und in der Globalisierung löst sich, wenn auch anders als in anarchistischen Utopien erwartet, der Staat tatsächlich ein Stück weit auf.

II Menschen machen Demokratie

11. Muss man sich für Politik interessieren? Dass alle sich für Politik interessieren, ist in modernen Demokratien eine Art Normalerwartung. Und darauf zu verzichten, oder seine Rechte bloß lust- und ahnungslos wahrzunehmen, scheint manchmal wie ein Verrat an den Chancen, die Demokratie im Gegensatz zu anderen Herrschaftsformen gewährt. Im Gefolge von Revolutionen, Nationsbildung und wirtschaftlichsozialen Umwälzungen begannen sich breiteste Schichten der Bevölkerung: das Bürgertum, die Handwerker, schließlich auch die Arbeiter und die Unterschichten, lebhaft für Politik zu interessieren – und damit zugleich ihren Anspruch auf Mitwirkung auszudrücken. Diese Fundamentalpolitisierung prägte das 20. Jahrhundert als Zeitalter der Ideologien. Große politische Denksysteme wie Liberalismus, Sozialismus oder Faschismus forderten jeden Einzelnen auf, sich politisch zu bekennen.

Das zeigt die Ambivalenz und Manipulierbarkeit des modernen Interesses für Politik. Auch Diktaturen versuchten von der Politisierung zu profitieren, ja sie zwangen der Bevölkerung einen Primat des Politischen geradezu auf und verletzten dabei die Grenzen des Privatlebens: Tritt in die Partei ein! Häng die Fahne der Bewegung aus deinem Fenster! Weil viele Deutsche von der politischen Zwangsvereinnahmung durch das NS-Regime genug hatten und sich zugleich darin schuldig gemacht hatten, zog man sich in den 1950er Jahren gerne ins Private zurück. Die nächsten beiden Jahrzehnte dagegen, rund um das Symboljahr 1968, markierten nicht nur in der Bundesrepublik einen Höhepunkt des allgemeinen Interesses an Politik. In der Bundestagswahl von 1972 stieg die Wahlbeteiligung auf danach nie wieder erreichte 91,1 Prozent. Einige Jahre später kulminierte die Mitgliederzahl politischer Parteien (West) bei etwa zwei Millionen. Die Tages- und Wochenpresse, mit deren Abonnement man seine Gesinnung ausdrückte und bestärkte, blühte.

Was ist seitdem geschehen? Sind die westlichen Demokratien seit den 1970er Jahren in ein Zeitalter der fundamentalen *Ent*politisierung eingetreten, und gefährdet das die Demokratie? Der Siegeszug von Konsumgesellschaft und individueller Selbstverwirklichung hat die Politik oft in den Hintergrund treten lassen. Am Wochenende sind Freizeit, Shopping, Reisen angesagt, nicht politisches Ehrenamt oder Plakate-Kleben. Aber vor der Idealisierung einer «guten alten Zeit» des allgemeinen Interesses an Politik muss man sich hüten. Nicht immer trieb feurige Politisierung die Bürger zur Wahlurne; oft waren es eher Pflichtgefühl und Routine. Interesse und Beteiligung drücken sich heute in anderen Formen aus als noch vor einer Generation. Man kann sich außerhalb von Parteien politisch engagieren, und erst recht: zwischen den Wahltagen. Mit eigenen Websites, mit Blogs und mit sozialen Medien wie Facebook und Twitter erreichen Minderheiten und kritische Strömungen eine Öffentlichkeit, von der sie in Zeiten der Kopiermaschine und des Postversands nur träumen konnten. Das Interesse an Politik ist weiterhin sehr hoch und keineswegs elitär eingekapselt. Wahlkämpfe erscheinen oft langweiliger als früher, aber im nächsten Moment elektrisieren sie rund um den Globus.

Das politische Interesse der Bürgerinnen und Bürger kann einer Demokratie nicht gleichgültig sein. Deshalb setzt sie Politik auf die Lehrpläne der Schulen und betreibt politische Bildung aus Steuergeldern, etwa mit der Bundeszentrale und den Landeszentralen für politische Bildung. Aber es bleibt die Freiheit des Einzelnen, sich für Politik (nicht) zu interessieren. Demokratie ist keine Zwangsveranstaltung. Das Recht, nicht mitzumachen, ist *gerade* in ihr ein hohes Gut. Das ist eines der Wagnisse, die die Demokratie um der Freiheit willen eingeht.

12. Beruht Demokratie auf Volkssouveränität? Was für eine Frage! Natürlich, die Volkssouveränität ist das Herzstück, der Ausgangspunkt moderner Demokratie: Das Volk ist der Ursprung der staatlichen Gewalt, nicht ein König, der sich auf dynastische Erbfolge oder göttlichen Willen beruft; nicht irgendein Machthaber oder eine Clique, die sich den Staat unter den Nagel reißt. «Alle Staatsgewalt geht vom Volke aus», heißt es deshalb im Artikel 20 des Grundgesetzes, das sie durch Wahlen und Abstimmungen und durch die besonderen Organe der Gewaltenteilung, also Parlament, Regierung und Justiz, ausübt. Die Erfindung der Volkssouveränität war ein revolutionärer Akt des späten 18. Jahrhunderts. Unter dem «Volk» verstand man bis dahin eher die Unterschichten, den Pöbel, von dem sich die gebildeten und mächtigen Eliten distanzierten. Nun sollten alle gemeinsam, auch die Adligen, auch die gepuderten Perückenträger, das Volk bilden, aus dem sich demokratische Selbstregierung konstituiert? Eine unerhörte Idee, auch wenn bei näherem Hinsehen vorläufig nur weiße Männer in den Genuss politischer Rechte kamen. Die Volkssouveränität zertrümmerte das politische Denken der Ständegesellschaft: Der «Dritte Stand» erklärte sich am 17. Juni 1789 in Versailles zur Vertretung der ganzen «Nation»; aus den Generalständen wurde die Nationalversammlung. Schon zwei Jahre zuvor ließ der amerikanische Verfassungskonvent in Philadelphia seine Präambel mit den Worten «We, the People of the United States» beginnen: Das Volk war der Souverän, gab sich selbst eine politische Verfassung und Regeln für das Zusammenleben in Freiheit.

Aber ganz so eindeutig ist es dann doch wieder nicht. Demokratien können auch ohne Volkssouveränität auskommen wie in England, wo die nordamerikanische oder kontinentaleuropäische Vorstellung eines «Volkes» sich nie etabliert hat. Stattdessen ist hier das Parlament der Souverän. Mehr noch, besonders die französische und die deutsche Idee eines souveränen Volkes konnten einen Beigeschmack entwickeln, der Demokratie und Freiheit sogar gefährdet. Im großen Singular, im Kollektiv des Volkes drohen die Individuen und ihre Rechte unterzugehen. Die Nazis spitzten das in dem Satz zu: «Du bist nichts, dein Volk ist alles». Der von Jean-Jacques Rousseau (1712–1778) idealisierte «allgemeine Wille» des Volkes, die *volonté générale*, sollte etwas Höheres sein als die Interessen der Einzelnen. Eine so verstandene Volkssouveränität kann die Rechte von Minderheiten gefährden. Bei Carl Schmitt (1888–1985), einem deutschen Vordenker des NS-Staates, war es nur ein kleiner Schritt von der emphatischen Beschwörung des Volkes zur Begründung einer Diktatur: Der Führerwillen drückte den Willen des Volkes eben am besten aus, und souverän war für Schmitt, «wer über den Ausnahmezustand entscheidet».

Das Grundgesetz der Bundesrepublik hat dennoch an der Volkssouveränität festgehalten, nicht nur im Artikel 20, sondern auch in seinem Verständnis der Abgeordneten des Bundestags, die – jede(r) Einzelne von ihnen – «Vertreter des ganzen Volkes» sind (Art. 38, Abs. 1, Satz 2), keineswegs nur der Bevölkerung ihres Wahlkreises oder der Wähler ihrer Partei. Gleichwohl stößt diese Begründung der Demokratie gerade in Deutschland, teils aus historischen Gründen, immer wieder auf Skepsis. Grundrechte, Rechtsstaatlichkeit, Minderheitenschutz: Dieser liberale Anteil darf nicht an den Rand gedrängt werden. Das gilt zum Beispiel gegenüber Populisten, die sich für Fremdenhass oder Vorurteile auf den Willen des Volkes berufen. Demokratie bleibt fundamental immer die Herrschaft (oder: Selbstregierung) des Volkes. Aber man kann das auch anders verankern als in der Volkssouveränität, zum Beispiel in den Rechten von Staatsbürgern oder in demokratischen Verfahrensregeln und Institutionen.

13. Warum unterscheidet man in der Politik rechts und links?

Politische Positionen fügen sich zu Weltbildern zusammen. Wer zur Zeit der Französischen Revolution gegen die Monarchie war, hielt meist auch wenig von adligen und kirchlichen Vorrechten, votierte für Pressefreiheit und für staatliche Unterstützung notleidender Arbeiter. Hier stammt die Unterscheidung von rechts und links auch her: In der Nationalversammlung von 1791 saßen die Königstreuen, die Anhänger des alten Regimes oder moderaten Reformer, vom Präsidium bzw. «Kopf» des Sitzungssaales aus gesehen, rechts. Die Gegner der Ständegesellschaft, die Anhänger bürgerlicher Freiheit und Gleichheit nahmen auf der linken Seite ihre Plätze ein, wenig später dann erst recht die Republikaner, die Jakobiner, die Kämpfer für radikale soziale Gleichheit. Auch deutsche Parlamente haben diese parlamentarische Sitzordnung übernommen; sie gilt bis heute – im Prinzip – auch für den Deutschen Bundestag. Aus der Sicht des Präsidiums sitzt die CDU/CSU-Fraktion rechts, die SPD-Fraktion links, noch links von ihr die Fraktion der «Linken» – hier ist das metaphorische Kurzwort sogar unmittelbar zum Parteinamen geworden. In der Mitte Bündnis 90/Die Grünen: Da bildet die Sitzordnung das politische Selbstverständnis nicht mehr ohne weiteres ab.

Man kann das Links-Rechts-Schema nicht nur als Gegenüber von zwei Polen denken, sondern als eine Linie. Dann gibt es zwischen rechts und links eine Mitte, in der sich schon im frühen 19. Jahrhundert die gemäßigten Liberalen verorteten, zwischen absoluter Monarchie und Revolution. In Frankreich nannte man das «juste milieu», und von dort aus wirkt die Idee von der politischen Mitte als ausgleichender, gerechter und vernünftiger Position bis heute fort, besonders in der deutschen politischen Kultur. Am äußeren Rand liegen dann die Extreme, die Übergangszone vom legitimen demokratischen Spektrum in antidemokratische Gesinnung. Darüber, wo diese Grenze liegt, im Blick auf «Rechtsextremismus» ebenso wie «Linksextremismus», wird bis heute gestritten. Und wenn man die gerade Linie des Rechts-Links-Spektrums krümmt, dann berühren sich die Extreme wieder, zum Beispiel als radikalisierter Faschismus und Kommunismus, statt denkbar weit auseinander zu liegen. Diese Symbolik des politischen Raumes prägte die liberale Totalitarismustheorie des mittleren 20. Jahrhunderts.

Seit den 1970er Jahren ist das klassische Schema von rechts und links, konservativ und progressiv auf andere Weise durcheinandergewirbelt worden. Im linken Lager macht sich, wie in der grünen Bewegung, neuer Zweifel am Fortschritt breit, jedenfalls an dem von Technik und Industriegesellschaft. Umgekehrt behauptete Franz Josef Strauß, einflussreichster CSU-Politiker der Nachkriegsjahrzehnte, es sei konservativ, an der Spitze des Fortschritts zu marschieren, als er das Agrarland Bayern industrialisierte. Erst recht fällt es schwer, diese Unterscheidung auf nichtwestliche Länder anzuwenden: Was ist rechts und links in China oder im ägyptischen Konflikt zwischen Muslimbrüdern, westlichen Demokraten und Militärmacht? Der österreichische Lyriker Ernst Jandl sah das schon 1966 voraus: «Manche meinen lechts und rinks, kann man nicht velwechsern. Werch ein Illtum!»

14. Was heißt repräsentative Demokratie? Echte Demokratie? Da gehen alle auf den Marktplatz, beraten die wichtigen Dinge und stimmen dann darüber ab. So wie im antiken Athen oder in der Schweizer Versammlungsdemokratie – anders konnte man sich bis weit ins 18. Jahrhundert hinein die Ausübung der Volksherrschaft gar nicht vorstellen. Aber wie sollte das in größeren Staaten funktionieren, jenseits einer Stadt oder eines Kantons, noch dazu unter den Bedingungen früherer Kommunikationsmittel, ohne Internet und sogar ohne Eisenbahn? Und habe ich Zeit dafür? Vielleicht ist die Ernte gerade wichtiger! Die schon aus der Ständegesellschaft vertraute Lösung hieß: Nicht jeder geht hin, sondern man schickt Repräsentanten, also Stellvertreter, die die eigenen Interessen und die einer größeren Gruppe abbilden. Dieses Modell wurde um 1800 demokratisch umdefiniert, mit den Parlamentsabgeordneten als Volksvertretern, wie man bis heute sagt, statt der Vertretung einzelner Stände wie des Adels, der Bürger oder des Klerus. In den amerikanischen *Federalist Papers* von 1787/88 argumentierte James Madison (1751–1836), ein solches repräsentatives System mache eine demokratische Republik in einem weiten Flächenstaat wie den USA überhaupt erst praktisch möglich. Aber mehr noch, es sei sogar der direkten Demokratie überlegen, weil es mit seinen Wahlmechanismen, Stufen und Filtern die Interessen unterschiedlicher Gruppen, besonders von Minderheiten, besser berücksichtige. Auch können Kompromisse oder neue Lösungen leichter gefunden werden als in der Situation einer Volksabstimmung, bei der es nur um ein Ja oder Nein geht. Heute gewinnt die direkte Demokratie wieder mehr Anhänger. Deshalb ist die Erinnerung wichtig, dass die repräsentative Demokratie nicht bloß eine Notlösung darstellt oder sogar keine «richtige» Demokratie sei, sondern ein Typus neben der direkten, der seine eigenen Vorzüge ebenso wie Nachteile besitzt. In der Praxis werden Mischformen wichtiger werden, ohne dass Parlamente und repräsentatives Prinzip verschwinden.

Aber was genau heißt Repräsentation, und wer wird da repräsentiert? Dazu gibt es zahllose Modelle und Theorien. Vertritt jeder einzelne Abgeordnete das ganze Volk? Das ist eine ganz bewusste Fiktion, die auch das Grundgesetz vertritt (siehe 12). Andererseits sind die Abgeordneten frei und an keinerlei Weisungen ihrer Wählerschaft, geschweige denn «des Volkes», gebunden. Vertreten sie bestimmte Interessen, die sich aus sozialer Stellung oder Beruf ergeben? In diesem Sinne sagt man häufig, Beamte, Lehrer und Juristen seien im Bundestag überrepräsentiert, und es fehle an Arbeitern oder Handwerkern, oder immer noch an Frauen. Aber solche Einwände setzen ein Denken fort, das demokratische Repräsentation eigentlich überwinden wollte, nämlich das Bild einer Ständegesellschaft, in der Arbeiter von Arbeitern und Beamte von Beamten vertreten werden, und das Parlament möglichst ein proportionales Spiegelbild der Gesellschaft sein müsste. Eindeutigkeit lässt sich in dieser Frage nicht herstellen, weder von der Wissenschaft noch vom Bundesverfassungsgericht. Man könnte sogar sagen: Die Stärke der repräsentativen Demokratie beruht darauf, dass sie das Wesen der Repräsentation mehrdeutig und in der Schwebe belässt. Oder man kann pragmatisch sagen: Demokratie braucht die Vorstellung einer Repräsentation im strengen Sinne, als ob eine politische Identität sich auf einen anderen Menschen übertrage, nicht. Wir wählen schlicht politische Eliten und Funktionsträger auf Zeit.

15. Warum trifft sich ein Parlament in zwei Kammern? In Großbritannien gibt es ein Oberhaus und ein Unterhaus, in den USA teilt sich der Kongress in Senat und Repräsentantenhaus. In Deutschland tagt nicht nur der Bundestag, sondern auch der Bundesrat als Vertretung der Länder; ähnlich ist es in Österreich und in der Schweiz, wo Nationalrat und Ständerat gemeinsam die Vereinigte Bundesversammlung bilden. Die meisten Demokratien kennen eine Aufteilung der gesetzgebenden Gewalt auf zwei Kammern oder Häuser, aber dahinter stecken sehr unterschiedliche Prinzipien und Traditionen. Klar ist: Ohne eine parlamentarische Vertretung des Volkes, die aus allgemeinen, gleichen, freien und unmittelbaren Wahlen hervorgeht, kann man von einem demokratischen Staatswesen nicht sprechen. Dieses genuin demokratische Element nannte man deshalb früher oft das Volkshaus oder die Volkskammer. Aber wofür noch eine zweite Versammlung?

Dafür gibt es zwei historische Wurzeln. Die eine liegt in der ständischen Gesellschaft, wo sich der Adel und andere bevorrechtigte Körperschaften – oft auch Kirchen oder Universitäten – ein besonderes Mitspracherecht gegenüber der Monarchie bewahrt oder erkämpft hatten. In der englischen Trennung zwischen dem *House of Lords* und dem *House of Commons*, also des gemeinen Volkes, spiegelt sich diese Herkunft noch immer. In Preußen gab es bis 1918 ein Abgeordnetenhaus als Volkskammer und ein «Herrenhaus», in dem ganz der Adel dominierte. Deshalb gelten Einkammersysteme, die nur ein «Volkshaus» kennen, als besonders egalitär und radikaldemokratisch.

Aber damit überlagert sich ein zweiter Gedanke, nämlich der föderale. In Staaten, die sich als Bündnis (teil-)souveräner Kantone oder Bundesstaaten verstehen, soll die zweite Kammer die Vertretung der Einzelstaaten an der nationalen Gesetzgebung gewährleisten. So vertritt der amerikanische Senat das Volk in den fünfzig Einzelstaaten, mit der gleichen Anzahl von Senatoren für jeden Staat, unabhängig von Größe und Bevölkerung. Ähnlich ist es in der Schweiz, wo jeder Kanton zwei Abgeordnete in die kleinere Kammer, den Ständerat, schickt. Deutschland kennt beide historische Wurzeln; zuerst überwog das ständische, später – seit der Reichsverfassung von 1871 – das föderale Prinzip. Streng genommen ist der Bundesrat gar kein Parlament, jedenfalls keine zweite (oder erste?) Kammer, denn im Unterschied zu Großbritannien und den USA, zur Schweiz und zu Österreich bilden Bundestag und Bundesrat keine übergeordnete Einheit, die sich dann (wie der amerikanische Kongress) in zwei «Häuser» teilt. Er ist ein eigenständiges Verfassungsorgan. Bestrebungen, ihn zu demokratisieren, etwa durch eine Direktwahl seiner Mitglieder wie seit hundert Jahren in den USA, gibt es nicht.

Daraus resultiert ein Spannungsverhältnis: Ist es nicht ungerecht oder undemokratisch, wenn ein großes Land durch ebenso viele Abgeordnete vertreten ist wie ein sehr viel kleineres? Je zwei Senatoren vertreten in den USA 38 Millionen Kalifornier ebenso wie gut eine halbe Million Einwohner von Wyoming. Ähnliches gilt in der Schweiz zwischen den Extremen der Kantone Zürich und Uri. Der Bundesrat kennt eine etwas halbherzige Zwischenlösung: eine Staffelung zwischen vier und sechs Mitgliedern je nach Einwohnerzahl, die freilich die realen Unterschiede zwischen Nordrhein-Westfalen und Bremen nicht annähernd abbildet. Zwar ist die proportionale Repräsentation von Individuen hier gar nicht das Ziel. Aber ganz eindeutig ist das nicht, auch nicht in den USA: Vertritt der Senat das Volk? Die Staaten? Wohl beides zugleich – das ist nur eine von vielen Unschärfen der modernen Demokratie.

16. Wofür brauchen Abgeordnete Diäten?
Die materielle Versorgung der Abgeordneten ist ein Dauerbrenner der öffentlichen Debatte über die repräsentative Demokratie. Jede Erhöhung der Diäten, durch das Parlament selbst beschlossen, steht im Kreuzfeuer der Kritik und nährt Vorbehalte gegenüber «Selbstbedienungsmentalität» und «Überversorgung». Bevor die Diäten faktisch zum Monatsgehalt der Abgeordneten wurden, stellten sie eine Art Sitzungsgeld oder Aufwandsentschädigung dar. Im 19. Jahrhundert, erst recht davor, tagten Parlamente nicht kontinuierlich, sondern trafen sich einmal oder mehrmals jährlich zu Sitzungsperioden von wenigen Wochen. In dieser Zeit konnten die Delegierten ihren normalen Beruf nicht ausüben und hatten einen Verdienstausfall, den die Diäten ausgleichen sollten. Mit Ernährung hat das Wort nichts zu tun; es stammt vom lateinischen *dies* für Tag – «Tagegelder» sagte man früher dazu.

Im 20. Jahrhundert, in Deutschland endgültig in der Weimarer Republik, ließ sich Kommunal- und Landespolitik zwar noch nebenbei betreiben, aber nicht mehr die nationale Politik. Die Abgeordneten des Reichstages und seit 1949 des Deutschen Bundestages sind Berufspolitiker geworden. Bis auf eine etwas längere Sommerpause tagt das Parlament fast wöchentlich; neben den Plenarsitzungen ist die Arbeit in den Ausschüssen immer umfangreicher und zeitaufwändiger geworden. In der Regel muss man deshalb seinen vorherigen Beruf aufgeben und sich mit vollem Einsatz, weit über eine Vierzig-Stunden-Woche hinaus, dem Mandat widmen. Doch nun wird es schwierig. Ein «Gehalt» kann das offiziell nicht sein, denn die Abgeordneten sind ja Vertreter des Volkes und gerade nicht Staatsangestellte oder Beamte. In praktischer Hinsicht sind sie zwar, jedenfalls bis zur nächsten Wahl, Berufspolitiker, aber nicht im Sinne einer Verwaltungskarriere. Das ist zugleich der Grund, warum das Parlament selbst über seine Versorgung beschließt. Was ursprünglich die Autonomie der Volksvertretung unterstrich, wirkt heute jedoch auf viele wie ein Mangel an Kontrolle und Transparenz.

Ähnlich ist es mit der Höhe der Diäten. Im Deutschen Bundestag liegt sie seit dem 1. Januar 2015 bei monatlich 9082 Euro; dazu kommt noch eine steuerfreie Aufwandsentschädigung für Büromitarbeiter in Berlin und im Wahlkreis. Damit gehören die Bundestagsabgeordneten fraglos zu den Spitzenverdienern in unserem Land – jedenfalls ist das ein Gehalt, von dem ein Facharbeiter oder eine Krankenschwester nur träumen kann. Das soll Unabhängigkeit garantieren, die Wertschätzung der Demokratie ausdrücken sowie, ganz praktisch, den «Beruf» des Abgeordneten auch für Akademiker und Freiberufler attraktiv machen. Die Alternative, das bisherige Gehalt im Normalberuf weiterzuzahlen, würde zu einer Ungleichbehandlung führen.

Aber warum verdienen viele Abgeordnete dann noch mit Nebentätigkeiten dazu? Auch das hat mit den Grauzonen des Abgeordneten-«Berufs» zu tun, der eben keiner mit einer festen Arbeitszeitregelung ist. Deshalb praktizieren Anwälte häufig in ihrer Kanzlei, oder Selbstständige gehen am Wochenende die Bücher ihrer Firma durch. Formal ist das korrekt, aber trotzdem nimmt die Öffentlichkeit einen Konflikt wahr, wenn der zeitliche Aufwand so groß ist, dass die Abgeordnetentätigkeit zum Nebenberuf zu werden droht (was allerdings nur in Ausnahmefällen vorkommt). Oft sind zusätzliche Verdienste für Politiker gar nicht mit besonderem Zeitaufwand verbunden – ein einziger Vortrag kann ein vierstelliges Honorar oder mehr erbringen. Doch dann lautet der Einwand: Verdankt sich dieses Vortragshonorar nicht der besonderen Stellung, der Prominenz als Abgeordneter oder Minister? Darf also ein Vorteil aus der Vertretung des Volkes privat angeeignet werden?

Kritik, Kontrolle und Pflichten zur Offenlegung haben inzwischen stark zugenommen. Aber im Zweifelsfall gilt die Freiheit und Unabhängigkeit der Abgeordneten als das höchste Gut.

17. Ist das Verhältniswahlrecht demokratischer als das Mehrheits-wahlrecht? Bei der Bundestagswahl gibt es, das bekommen wir alle vier Jahre aufs Neue erklärt, zwei Stimmen: die erste für den Wahl-kreiskandidaten, die zweite für die Liste einer Partei, die zugleich über die Stärke der Parteien im Parlament entscheidet. Bei den Land-tagswahlen gibt es meist eine ähnliche Verbindung von Personenwahl in Stimmkreisen einerseits, Parteilistenwahl andererseits, aber für beides nur eine einzige Stimme. Warum diese Komplikation? Konn-ten die Deutschen sich nicht für das eine oder andere System ent-scheiden? Ist die Verhältniswahl demokratischer, weil bei ihr jede Stimme den gleichen (oder einen sehr ähnlichen) Effekt auf die Zu-sammensetzung des Parlaments hat, und weil hier keine Stimme ver-loren geht, die für Wahlkreisverlierer abgegeben wurde?

Entstanden sind Parlamentarismus und Demokratie mit dem Mehrheitswahlrecht, genauer: mit einem Wahlsystem, in dem Kandi-daten in einem Stimmbezirk, in aller Regel einer territorialen Ein-heit, die Mehrheit der Stimmen erzielen müssen, um diesen Bezirk und seine Wähler im Parlament zu vertreten. Bis weit in das 19. Jahr-hundert hinein war das kaum anders vorstellbar. Denn man lebte und dachte noch viel weniger großräumig und «national», schon wegen der begrenzten Möglichkeiten von Kommunikation und Ver-kehr. Es war wichtig, Personen aus dem eigenen Umfeld zu kennen und zu vertrauen. Parteien mit nationalen Programmen und als na-tionale Wahlkampfmaschinen gab es noch nicht. Das hat sich zwar geändert, aber ein anderer Grundgedanke dieses Systems besteht bis heute in vielen Ländern fort: die Idee nämlich, dass das Parlament eine Vertretung der Nation in ihren unterschiedlichen Provinzen oder Einzelstaaten ist. So ist es bei den englischen Unterhauswahlen: Wer auch nur eine relative Mehrheit der Stimmen gewinnt (das heißt mehr als jeder einzelne der Konkurrenten), gewinnt den Sitz – «first past the post» lautet die Formel dafür.

Das Verhältniswahlrecht ist erst eine Erfindung des späten 19. Jahr-hunderts. Größere Anwendung fand es in Kontinentaleuropa nach dem Ersten Weltkrieg, auch in der Weimarer Republik seit der Wahl zur Nationalversammlung am 19. Januar 1919. Man spricht von «proportionaler Repräsentation», um auszudrücken, dass die Ver-tretung im Parlament möglichst proportional zu den insgesamt (z. B. nationsweit) abgegebenen Stimmen steht: Zwanzig Prozent der Stimmen ergeben zwanzig Prozent der Parlamentssitze. In Ländern, in denen regionale Bezüge und Traditionen sowieso eine geringere Rolle spielen, liegt dieses System näher. Das ist zugleich ein Grund für seinen Siegeszug im 20. Jahrhundert, denn das Verhältniswahlrecht hat, in unterschiedlichen Varianten und Mischformen, das Mehrheitswahlrecht inzwischen «überholt».

In Deutschland wird die proportionale Repräsentation inzwischen noch stärker betont als zu Beginn der Bundesrepublik. Jüngeren Generationen ist das Mehrheitssystem fremd geworden; dass Stimmen «unter den Tisch fallen», erscheint (anders als früher) geradezu als undemokratisch. Die Rechtsprechung des Bundesverfassungsgerichts spiegelt diesen Wandel und verleiht ihm zugleich Nachdruck. Stillschweigend hat sich damit die Auffassung von der demokratischen Gleichheit jeder Stimme gewandelt: Das alte egalitäre Prinzip «one man, one vote» wird (was im 19. Jahrhundert kaum jemandem in den Sinn gekommen wäre!) auch auf den Effekt der Stimme im Parlament bezogen, der gleich sein müsse. Dabei bestehen jedoch, auch innerhalb Europas, erhebliche Unterschiede fort. Die Briten haben die Abschaffung ihres herkömmlichen Mehrheitswahlrechts im Mai 2011 in einer Volksabstimmung mit 68 zu 32 Prozent abgelehnt.

Güte und demokratische Qualität von Wahlsystemen sind nicht objektiv feststellbar, schon gar nicht mathematisch exakt einzurichten. Unterschiedliche Auffassungen vom Volk, von Repräsentation, Gleichheit und Mehrheitsregel drücken sich in den jeweiligen Präferenzen aus. In langer historischer Perspektive gibt es eine Bewegung vom Mehrheits- zum Verhältniswahlrecht; gerade am deutschen Fall ist das ablesbar. Aber auch die proportionale Repräsentation und Listenwahl hat ihre Nachteile. Sie vernachlässigt Themen, Personen und Wahlkampf an der lokalen Basis und begünstigt die Wahl von Parteifunktionären ins Parlament – und das zu einer Zeit, in der viel über den wachsenden Abstand der Politiker von ihren Wählern geklagt wird.

18. Sind Wahlkämpfe überflüssige Geldverschwendung? Nicht selten hört man: Wahlkämpfe sind langweilig geworden und inhaltsleer, und wo Kandidaten dramatisch streiten, sei das bloß hohle Inszenierung. Und das auch noch aus Steuergeldern! Könnte man auf Wahlkämpfe verzichten, überhaupt auf das «Drumherum» politischer Wahlen, das man auch als «Wahlkultur» bezeichnet?

Tatsächlich ging es in der Frühzeit demokratischer Wahlen, wo es sie im Sinne einer offenen Konkurrenz von Kandidaten und Parteien schon gab, heiß her. Im 18. und 19. Jahrhundert waren Wahlen oft ein öffentliches Spektakel, bei dem schon im Vorfeld und bis unmittelbar zur Stimmabgabe mit allerlei Tricks und Taktiken um den Sieg gerungen wurde. Bestechung durch reichlich Alkohol in der Dorfkneipe oder andere kleine Alltagsvorteile war eher die Regel als die Ausnahme, ob in Amerika, England oder Deutschland. Die Wahlpraxis veränderte sich entscheidend mit Einführung der geheimen Stimmabgabe in der bis heute vertrauten Form. Stimmzettel mit den Namen der Kandidaten und Parteien wurden seit etwa 1900 von offizieller Seite gedruckt und am Wahllokal zur Verfügung gestellt, wo man dann vor Blicken geschützt sein Kreuz setzen konnte. Bis dahin hatten nämlich Nachbarn oder der Arbeitgeber dabei über die Schulter geschaut.

So beruhigten sich Aufregung und Spektakel der Wahlen im 20. Jahrhundert. Doch nun entdeckten die Wahlkämpfer die neuen technischen Kommunikationsmittel für sich. Verkehrsmittel und Massenmedien ermöglichten den Aufstieg der modernen politischen Propaganda und ihren Einsatz bei der Mobilisierung für Wahlen. Nicht mehr nur auf die Inhalte, sondern auf das Aussehen der Politiker und die damit subtil vermittelte Botschaft kam es an. Legendäres Beispiel dafür ist der unglückliche Bartschatten Richard Nixons (1913–1994), dem in einer Fernsehdebatte des amerikanischen Präsidentschaftswahlkampfs von 1960 ein glattrasierter, gut ausgeleuchteter John F. Kennedy gegenübersaß.

Seit mehr als einem halben Jahrhundert hat sich an den Grundformen des Wahlkampfes erstaunlich wenig geändert. Fernsehdebatten gelten nach wie vor als ihr besonderer Höhepunkt, und sie bleiben gefürchtet und unbeliebt. Wahlspots im öffentlich-rechtlichen Fernsehen und vor allem der Plakatwahlkampf an den Laternenpfählen sind in Deutschland die Grundpfeiler des Werbens um Wähler geworden. Trotz ihrer Klage über fade Plakate und langweilige Fernsehspots tun sich die Deutschen mit dem Internet und den sozialen Medien im Wahlkampf schwer. Ein sehr «privatistisches» Verständnis der Wahlentscheidung und des politischen Bekenntnisses steht einem persönlicher und intensiver geführten Wahlkampf entgegen. In den USA stellt man sich gerne ein Schild in den Vorgarten oder signalisiert Nachbarn und Arbeitskollegen mit einem Aufkleber am Auto, ob man Demokrat oder Republikaner ist, während politische Neigung und Wahlpräferenz in Deutschland nahezu dem Bereich der Intimsphäre angehören.

Und was kostet das? Für den Bundestagswahlkampf 2009 haben die Parteien insgesamt etwa 60 Millionen Euro aufgewendet. Der größte Teil wird öffentlich erstattet, auf dem Wege der Wahlkampfkostenerstattung, die in Deutschland Teil der Parteienfinanzierung ist. Darüber gibt es hin und wieder Streit, aber das alternative Modell eines privat und spendenfinanzierten Wahlkampfes, wie es in den USA praktiziert wird, trifft meist auf deutlich größere Skepsis, weil es Abhängigkeit und Machtungleichgewichte schaffen kann. Die meisten europäischen Staaten folgen einer Variante der staatlichen Finanzierung. Dazu kommen die eigentlichen Kosten der Wahl: Wahlzettel müssen gedruckt, Benachrichtigungen verschickt, Wahllokale hergerichtet werden. Das kostet noch einmal etwa denselben Betrag. Grob gerechnet, entstehen so Kosten von knapp zwei Euro für jeden der gut 60 Millionen Wahlberechtigten.

Wahlkämpfe sollten sachbezogen sein, aber sie sind keine Universitätsseminare. Sie sind ein Stück Spektakel geblieben; sie bündeln und steigern politische Aufmerksamkeit. Sie inszenieren – warum nicht auch mit Kulis und Luftballons? – die Demokratie auf einer öffentlichen Theaterbühne.

19. Muss man noch wählen, wenn Umfragen das Ergebnis schon kennen? Im Fernsehen und in anderen Massenmedien ist, je näher ein Wahltag rückt, desto mehr, die «Sonntagsfrage» allgegenwärtig: Was wäre, wenn am nächsten Sonntag wirklich Bundestagswahl wäre? Von den Prozentziffern und farbigen Diagrammen geht eine starke Faszination aus, und der regelmäßige Hinweis auf den statistischen Fehlerbereich einer solchen Umfrage erhöht eher noch den Eindruck der wissenschaftlichen Fundiertheit. Tatsächlich ist die Demoskopie – wörtlich so viel wie das Hineinschauen in das Volk – ein Teil der Demokratie ebenso wie der empirischen sozialwissenschaftlichen Forschung und ihrer im Laufe vieler Jahrzehnte ständig verfeinerten Methoden. Ob die Prognosen dabei, gemessen am späteren Wahlergebnis, präziser geworden sind, ist nicht ganz klar, denn immer wieder gibt es erhebliche Abweichungen, die von den Forschungsinstituten gerne mit Wählerwanderung und Wahlentscheidung in letzter Minute erklärt werden.

Den Anfang machte George Gallup 1935 in den USA; der Durchbruch für die *Pollster*, wie die politischen Meinungsforscher auf Englisch heißen, kam nach dem Zweiten Weltkrieg, in Deutschland mit der Gründung des «Instituts für Demoskopie Allensbach» durch Elisabeth Noelle-Neumann (1916–2010). In den 1970er Jahren stellte die Forschungsgruppe Wahlen, die bis heute das «ZDF-Politbarometer» füttert, die Prognosen auf eine solidere sozialwissenschaftliche Grundlage. In jüngerer Zeit hat die monatliche Präsentation der Umfragen – neben der Sonntagsfrage auch die politische Stimmung und die Hitliste der beliebtesten Politiker – in den öffentlich-rechtlichen Sendern, also auch im «ARD-Deutschlandtrend», besonders große Bedeutung in der öffentlichen Wahrnehmung erhalten.

Bilden die Umfragen die Realität ab, oder erzeugen sie eine Scheinwirklichkeit, in der Demoskopie und Wahlverhalten nicht mehr genau unterscheidbar sind? Die Aussage, die Regierung habe inzwischen, zum Beispiel ein Jahr nach der Wahl, «ihre Mehrheit verloren», ist sehr problematisch. Am Wahlabend erscheint pünktlich um 18 Uhr, mit der Schließung der Wahllokale, eine Prognose (aus einer Nachwahlbefragung), die viele von der Hochrechnung (die auf ersten ausgezählten Stimmen beruht) nicht unterscheiden können. Demoskopie könnte zudem politische Meinungsbildung und Wahlergebnisse beeinflussen, zum Beispiel weil sie ermuntert, auf den Zug des vermeintlichen Siegers mit aufzuspringen.

Aber die Demoskopie ist auch ein Gewinn für die Demokratie. Die jederzeitige Vermittlung des Pegels der politischen Parteien ist ein wichtiger Teil von Öffentlichkeit und macht Politik transparenter. Sie setzt die Politiker einem permanenten Legitimationsdruck aus – so sehr, dass man schon wieder kritisch sagt: «Die schielen nur auf ihre Umfragewerte», statt langfristige und möglicherweise unpopuläre Ziele zu verfolgen. Aber gerade angesichts der gestiegenen Erwartungen an die Wählerbindung der Politik auch zwischen den Wahlterminen ist das Fehlen dieser Kontrollinstanz nicht mehr vorstellbar. Und die Faszination für die Zahlen und bunten Diagramme belegt, dass die Demokratie – ähnlich wie der Sport – für große Teile der Bevölkerung immer wieder ein spannendes Spiel ist. Desinteresse sieht jedenfalls anders aus.

Übrigens, natürlich «muss» man noch wählen gehen. Die Spannung ergibt sich ja erst aus dem Vergleich mit der letztlich unkalkulierbaren Echtsituation der Wahl. Eine Entscheidung bleibt etwas ganz anderes als eine Erwartung. Und immer wieder liegen die Demoskopen falsch.

20. Gefährdet eine sinkende Wahlbeteiligung die Demokratie?

In der Bundesrepublik sinkt die Wahlbeteiligung, nicht nur bei Bundestagswahlen, seit inzwischen fast vier Jahrzehnten. Auf dem Höhepunkt der vorgezogenen Wahl von 1972, die oft als ein Plebiszit über die damals umstrittenen Ostverträge und als persönliche Bestätigung des SPD-Kanzlers Willy Brandt interpretiert wird, gingen über 90 Prozent der Wahlberechtigten an die Urne. Seitdem sind es weniger; mit der Wiedervereinigung hat sich der Abwärtstrend beschleunigt, weil die Beteiligung in den neuen Ländern niedriger ist als im Westen. Bei der Bundestagswahl am 22. September 2013 lag sie bei 71,5 Prozent. Bei Landtags-, Kommunal- und Europawahlen sind die Werte oft noch niedriger, immer häufiger unter 50 Prozent.

Über den scheinbar unaufhaltsamen Abwärtstrend wird viel diskutiert. Gründe wie der gesellschaftliche Wandel seit den 1970er Jahren lassen sich nennen, der feste politisch-soziale Bindungen und «Milieus» aufgelöst hat: Als Arbeiter im Arbeiterviertel wählte man SPD, als Katholik nach der Messe die CDU (was natürlich nie ganz stimmte). Wenn früher eher die Pflicht gegenüber dem Staat zur Wahlurne trieb, ist eine gewisse Lockerung kein allzu großer Schaden. Gefährlich wird es, wenn die Wahlbeteiligung in bestimmten sozialen Schichten deutlich sinkt, zum Beispiel als Ausdruck von Chancenlosigkeit im Bildungssystem und auf dem Arbeitsmarkt. Dann droht eine soziale Spaltung der Demokratie.

Aber das erklärt nicht alles. Obwohl die Unterschiede zwischen Reich und Arm in den USA und England noch schärfer hervorgetreten sind als in Deutschland, zeigt der *voter turnout* dort einen anderen Verlauf. Die Beteiligung an den britischen Unterhauswahlen fiel 2001 unter 60 Prozent – und steigt seitdem wieder. Bei den amerikanischen Präsidentschaftswahlen gibt es seit einem Tiefpunkt 1996 einen deutlichen Aufwärtstrend. Um ein Naturgesetz handelt es sich bei der deutschen Abwärtsbewegung also nicht. Zugleich zeigt der Blick über den Atlantik: Die Höhe der Wahlbeteiligung ist dort in der öffentlichen Debatte gar nicht so wichtig wie bei uns; viel eher geht es darum, ethnische Minderheiten und Migranten überhaupt als Wähler zu registrieren.

Ist die Wahlpflicht eine Alternative? Diese Frage beantwortet nur eine kleine Minderheit demokratischer Staaten mit Ja. In Belgien besteht eine solche Pflicht nur formell; auch in Italien muss niemand mit einer Strafe rechnen. Immerhin ist die Wahlbeteiligung in solchen Ländern oft höher. Von den neuen Demokratien des früher kommunistischen Osteuropa hat keine eine Wahlpflicht eingeführt. Denn der zwangsweise Urnengang gehörte zur politischen Praxis vieler Diktaturen des 20. Jahrhunderts, die mit hoher Beteiligung ebenso wie mit einem «99-Prozent-Ergebnis» auf die Interesseneinheit von Führung und Volk hinweisen wollten. Genau das ist ein wichtiges Argument gegen die Wahlpflicht: Die Demokratie stellt es den Bürgerinnen und Bürgern frei, sich politisch zu beteiligen. Deshalb ist die Rede von einer «Partei der Nichtwähler», die bei sinkender Wahlbeteiligung leicht zur größten Gruppierung wird, irreführend. Nichtwähler haben ganz unterschiedliche Gründe für ihre Abstinenz, und längst nicht alle von ihnen sind unpolitisch.

Dennoch geht es der Demokratie an die Substanz, wenn bei nationalen Wahlen nur noch eine Minderheit zur Wahl geht. Trotz der Freiheit, nicht zu wählen, bleibt es in einem weiteren, appellativen und moralischen Sinne richtig zu sagen, wählen sei Bürgerpflicht.

III Demokratie hat Geschichte

21. Ist die antike Demokratie heute noch wichtig? Der östliche Mittelmeerraum vor zweieinhalbtausend Jahren: Das war eine völlig andere Welt als unsere, die sich seit dem 18. Jahrhundert mit Technik und Industrie, Nationalstaaten und Individualismus und Demokratie herausgebildet hat. Trotzdem blicken wir immer noch auf die griechischen Stadtstaaten der Antike und lernen die Grundzüge der politischen Verfassung Athens um das 5. Jahrhundert v. Chr. in der Schule. War diese Stadt am Rande der griechischen Halbinsel Peloponnes wirklich etwas Besonderes, oder ist die athenische Demokratie nur ein bildungsbürgerlicher Mythos? Oder eine Legende, die dem Westen zu einer historischen Rechtfertigung seines politischen Ordnungsmodells verhilft? Athen und die anderen griechischen Stadtstaaten wie Sparta entwickelten sich nicht in Isolation, schon gar nicht als Keimzelle Europas, sondern nahmen Einflüsse aus anderen Kulturen in Nordafrika und Westasien auf. Trotzdem konnten in dieser Demokratie selbst in ihrer radikalen Phase um 400 v. Chr. nur etwa 30 000 männliche Vollbürger von 200 000 Einwohnern die politischen Geschicke in der Volksversammlung und im «Rat der 500» bestimmen. Immerhin – nach dieser Quote mussten sich viele europäische Länder im 19. Jahrhundert erst einmal strecken!

Bei allen Einschränkungen jedoch bleibt die athenische Demokratie eine Besonderheit. Ähnliche politische Verfassungen gab es, soweit wir aus den Quellen wissen, weder in Griechenland noch in anderen damaligen Hochkulturen. Und obwohl die freie politische Ordnung der Athener sich über mehrere Generationen langsam herausbildete und erst relativ spät auch als Demokratie bezeichnet wurde, ist die Rede von ihrer «Erfindung» nicht falsch. Der Althistoriker Christian Meier spricht sogar von einer «Revolution der Weltgeschichte», die sich seit den Reformen des Solon (594 v. Chr.) dort vollzogen habe. Neu und ungewöhnlich war eine politische Herrschaft ohne Königtum, in der sogar der Adel immer weiter aus seiner politisch-sozialen Führungsrolle verdrängt wurde. Neu war die Bindung der Herrschaft an Gesetze – nicht im Sinne unserer heutigen Paragraphenvielfalt, aber als eine aufgeschriebene Verbindlichkeit, über die sich Einzelne nicht leicht hinwegsetzen konnten. Auch wenn nur Männer Bürger sein konnten und Fremde (Metöken) und Arme davon ausgeschlossen blieben, setzte sich für die Bürgerschaft eine unerhört radikale Vorstellung von Gleichheit (*isonomia*) durch. Wichtige Entscheidungen fielen in der Volksversammlung, die bis heute ein Leitbild direkter Demokratie ist. Aber daneben entstand, nicht minder wichtig, vor allem seit den Reformen des Kleisthenes (508/507 v. Chr.) eine vielgliedrige Struktur der Vertretung und Entscheidungsfindung des Volkes, in der die Kernstadt Athen, das agrarische Hinterland und der Küstenstreifen besonders berücksichtigt wurden.

Hinter all dem stand die Vorstellung von einem Gemeinwesen, von einer besonderen politischen Sphäre des Lebens jenseits von Privatem, Familie und Beruf. Gleichzeitig drängte Demokratie darüber hinaus und strahlte zunehmend auf die gesamte Lebensführung der athenischen Bürger aus, auf die Künste, auf das Theater. Damit entstand ein Spannungsfeld, fast schon ein Paradox, das erst im 20. Jahrhundert wiederentdeckt wurde: Demokratie ist ganz spezifisch «politisch»; sie konstituiert einen besonderen Raum der menschlichen Beziehungen – und doch lässt sie sich darauf nicht reduzieren, sondern durchdringt alle Fasern des Lebens.

Nach etwa 250 Jahren begann die athenische Demokratie im 4. Jahrhundert v. Chr. zu verfallen. Weiter nordwestlich entwickelte die römische Republik ein neues Verständnis von freier Bürgerherrschaft. Direkte Kontinuitäten in die Moderne gibt es nicht. Aber es ist auch kein Zufall oder Versehen, dass derselbe Begriff «Demokratie» für die neuen Formen von Volksherrschaft und Partizipation, bürgerlicher Freiheit und Rechtsbindung seit dem 18. Jahrhundert wieder Verwendung fand.

22. Warum gab es im Mittelalter keine Demokratie? Gegenfrage: Warum sollte es? Demokratie war über einige Jahrtausende von Schrift- und Hochkulturen nicht der Normalfall politischer Verfassung. Die Frage wird trotzdem häufig gestellt, um zu erklären, warum es nach dem Ende der athenischen Demokratie und dem Untergang der römischen Republik so lange gedauert habe, nämlich bis um 1800, bis Demokratie wieder diskutabel und staatsfähig wurde. Aber die Vorstellung von einer mittelalterlichen Dornröschenphase führt in die Irre. Auch wenn sich die moderne Demokratie zeitweise sehr auf die Antike berief – in Paris und Washington begegnet einem das bis heute in der Architektur –, war sie ganz überwiegend eine

Neuerfindung, keine Wiederbelebung. Trotzdem lassen sich Gründe nennen. Mittelalterliche Gesellschaften strukturierten sich seit Ende des Weströmischen Reiches (476 n. Chr.) nicht als Staaten im heutigen Sinne, sondern als personale Herrschaftsverbände, gestützt auf Königtum und Adel. Auch der mit bestimmten Freiheiten und Privilegien versehene Teil der Bevölkerung war in das Geflecht von Abhängigkeiten eingebunden, das man Feudalismus nennt. Herrschaftsanspruch, Besitzverhältnisse, Rechtsordnung und alltägliche Lebenspraxis waren darin eng verwoben. Die Ideen von Gleichheit, allgemeiner Freiheit oder eines zur Selbstregierung befähigten Volkes konnten darin nicht entstehen.

Mit der Rezeption des Aristoteles tauchten im späten Mittelalter die Begriffe der antiken Verfassungslehre wieder auf, auch jener der Demokratie. Aber darunter konnte man sich nur eine üble Form von Pöbelherrschaft vorstellen. Diese negative Bedeutung des Begriffes wirkte bis ins 19. Jahrhundert fort; einen freien Bürgerstaat bezeichnete noch Immanuel Kant als «Republik» (siehe 4). So verstanden sich auch die freien Städte, in denen seit dem späten Mittelalter eine Minderheit vollberechtigter Bürger oder eine kleine Führungselite, das Patriziat, eigenverantwortlich die politische Führung übernahm. In Italien dehnten sich manche dieser Stadtrepubliken, besonders Florenz und Venedig, zeitweise zu mächtigen Flächenstaaten aus.

Die Zeit seit Renaissance und Reformation um 1500 nennt man die «Frühe Neuzeit». Auch davon darf man sich nicht täuschen lassen: Keine vorgezeichnete Spur führte von Leonardo da Vinci und Martin Luther in die Moderne des 20. Jahrhunderts. Aber an verschiedenen Stellen keimte, was wir bis heute als Grundlage von Demokratie sehen: eine höhere Bewertung des Individuums, die Kritik an überlieferten Autoritäten und die Vorstellung, dass Herrschaft an eine Rechtsordnung gebunden sein müsse, die der persönlichen Willkür entzogen ist. Seit dem 17. Jahrhundert propagierte die Aufklärung als eine europäische Bewegung den Gebrauch von Wissenschaft und Vernunft, später auch von freier bürgerlicher Assoziation und einer kritischen Öffentlichkeit. Die Gesellschaft drumherum blieb noch weithin ländlich und agrarisch, vorindustriell und traditionsgebunden, aber der Abstand zum Mittelalter war schon vor der Französischen Revolution beträchtlich gewachsen.

23. Ist England das Mutterland der Demokratie? Vielleicht müsste man genauer sagen: der modernen Demokratie, denn mit dem Alter der antiken Demokratie in Griechenland können die britischen Inseln nicht mithalten. Andererseits reichen die englischen Wurzeln immerhin bis in das Mittelalter zurück, nämlich zur Magna Charta von 1215. Diese Urkunde legte, zu Lasten der Herrschaft des Königs, Rechte der freien Untertanen, die damals vor allem Adlige waren, fest. Im 17. Jahrhundert waren die Briten wiederum Pioniere, als das Parlament sich gegen die absolutistischen Neigungen von König Charles I. auflehnte, ihn 1649 hinrichten ließ und eine kurzlebige Republik unter dem «Lordprotektor» Oliver Cromwell einführte. Aus diesen Konflikten wiederum entstanden Ideen und Schriften, die für die moderne Demokratie bis heute bedeutsam sind, vor allem die Vertragstheorien von Thomas Hobbes (1588–1679) und John Locke. Im 18. Jahrhundert begann der Aufstieg des Parlaments, vor allem des Unterhauses (als Vertretung des gemeinen Volkes, der *Commons*, im Gegensatz zum Oberhaus, dem *House of Lords*). So verdankt sich der Ehrentitel des «Mutterlandes» nicht einer einzigen Innovation oder einem besonderen historischen Ursprungsmoment, sondern einer Vielzahl verflochtener Fäden. Wenn man auf England als demokratisches Vorbild verweist, meint man gerade die ungewöhnliche Kontinuität der politischen Entwicklung vor allem seit der «Glorreichen Revolution» von 1688.

Mutterland im Sinne eines Einflusses auf viele «Kinder», die das britische Modell nachgeahmt hätten, ist England jedoch kaum gewesen. Am ehesten gilt das für die britischen Kolonien, und zwar in doppelter Hinsicht: Zuerst exportierte man die Institutionen der Insel, durchaus mit imperialer Gewalt. Dann lehnte man sich, wie in Nordamerika um 1770 oder in Indien im 20. Jahrhundert, gegen die britische Herrschaft auf, benutzte dabei aber wiederum häufig englische Vorbilder oder Ideen. Im kontinentalen Europa schaute man zwar über den Kanal und las die Schriften von John Locke oder von John Stuart Mill (1806–1873), aber demokratische Praktiken und Institutionen entwickelten sich hier überwiegend aus anderen, eigenen Wurzeln, sei es in der Schweiz oder in Frankreich. Für Deutschland war im 19. Jahrhundert der Einfluss Frankreichs am größten, im 20. Jahrhundert derjenige der USA.

Gerade wegen seiner kontinuierlichen Geschichte tat sich Großbritannien mit seiner inneren Demokratisierung sogar besonders schwer. Das Wahlrecht, auch für Männer, blieb als ein Zensuswahlrecht lange Zeit an Schranken des Besitzes und Einkommens gebunden, und Erweiterung gab es nur in kleinen Reformschritten. Erst seit 1928 durften alle Männer und Frauen unabhängig von ihrem Besitz an den Unterhauswahlen teilnehmen. Wer früh anfängt, ist gerade deshalb nicht unbedingt als Erster am Ziel.

24. Wie demokratisch war die Amerikanische Revolution? Welche Revolution? In den deutschen Geschichtsbüchern ist oft von einem «Unabhängigkeitskampf» nordamerikanischer Kolonien gegen das britische Empire die Rede. Tatsächlich erklärten die dreizehn Festlandkolonien am 4. Juli 1776 ihre Unabhängigkeit vom britischen Mutterland, aber welchen Status hatten sie nun? Setzten sie statt des englischen Königs einen amerikanischen ein? Eben deshalb handelte es sich um eine Revolution: Ganz neue Ideen sozialer und politischer Ordnung kamen auf, und die Kolonien häuteten sich zu freien, republikanischen Staaten. Von hier aus brauchte es noch mehr als ein Jahrzehnt des Kriegs und der politischen Debatten, bevor die Bundesverfassung von 1787, die bis heute gilt, in Kraft trat und George Washington im April 1789 erster Präsident der «Vereinigten Staaten von Amerika» wurde.

Aber waren die USA nun eine Demokratie? Mit dem Begriff taten sich auch viele der Revolutionäre schwer, weil er den Beigeschmack von Pöbelherrschaft und Chaos hatte. Worte wie Republik, Freiheit, Gleichheit, auch Nation und Volk bestimmten die politische Sprache. Mit «We, the People» beginnt die Verfassung von 1787. Aber Frauen blieben bis nach dem Ersten Weltkrieg ausgeschlossen, und die Sklaverei bestand in den Südstaaten fort. Die totale Unfreiheit und Arbeitsausbeutung zwangsverschleppter Afrikaner konnten viele Helden der Revolution mit ihrem Weltbild der Freiheit und Gleichheit vereinbaren, auch der Sklavenbesitzer Thomas Jefferson in Virginia, der Hauptautor der Unabhängigkeitserklärung mit ihrem «All men are created equal». Die Indianernationen als ursprüngliche Bevölkerung des Kontinents kamen in den Freiheits- und Demokratiekonzepten nicht vor.

Dennoch bleibt an der engen Verbindung von Amerikanischer Revolution und Demokratie vieles richtig. Es gab Aufmüpfigkeit und Radikalismus, nicht nur gegen die Engländer, sondern auch gegen die Herren im eigenen Lande: die reichen Kaufleute, die Großgrundbesitzer. Die Frage nach den Rechten der Frauen und der Afroamerikaner wurde schon damals gestellt. Menschen, die sich vorher nicht für Politik interessiert hatten, forderten Beteiligung, Grundrechte, Zugang zur Wahlurne. Und man war erfinderisch, sogar erstaunlich radikal bei den neuen republikanischen Institutionen und Verfahren. Die erste Verfassung von Pennsylvania formulierte 1776 das radikale Gleichheitsdenken der Handwerker und einfachen Leute besonders pointiert. Wahlen sollten jährlich stattfinden, Ämter rotieren, die Türen zum Parlament immer offen stehen.

Die Bundesverfassung stand in den Staaten zur Abstimmung. Befürworter und Gegner kämpften bis in die entfernteste Provinz und formulierten dabei Argumente, die bis heute für die Theorie der modernen Demokratie wichtig sind. Am bekanntesten wurden die *Federalist Papers*, eine von Alexander Hamilton, James Madison und John Jay verfasste Serie von Zeitungsartikeln in dem besonders heftig tobenden Streit in New York. Was ist eigentlich Repräsentation? Wie können Minderheitenrechte gewahrt bleiben? Und nicht zuletzt: Wie funktionieren Republik, Freiheit und Demokratie in einem Gebilde von Ausmaßen, die nach bisheriger Erfahrung nur von monarchischen Imperien zusammengehalten werden konnten? Die am Ende unterlegenen Gegner eines stärkeren Zentralstaates setzten durch, dass ihre Sorge um Grundrechte in Zusätzen zur Verfassung, der *Bill of Rights*, Ausdruck fand. So blieb die Demokratie an vielen Stellen unvollständig, aber es gab auch keinen Rückfall in die Monarchie, keinen Napoleon. Der übernächste Präsident nach Washington, Thomas Jefferson, trieb die Revolution der Gleichheit der weißen Männer bereits wieder weiter voran.

25. War die Französische Revolution die Geburtsstunde der modernen Demokratie? Die Historiker haben die Französische Revolution und ihr Pathos vom Aufbruch in die Demokratie längst in Einzelteile zerlegt. Statt von der Sehnsucht des Volkes nach Freiheit und hehren Idealen der Aufklärung, die nach Verwirklichung drängten, sprechen sie nüchtern von einer Finanzkrise des absolutistischen Staates unter Ludwig XVI. und von der Wiederbelebung traditioneller Ständekonflikte zwischen Monarchie, Adel und Klerus. Der Sturm auf die Bastille am 14. Juli 1789, der den Franzosen bis heute ihren Nationalfeiertag stiftet, ist als Mythos entlarvt und war bestenfalls eine Nebenepisode. Zum «Dritten Stand» gehörten nicht nur Bürger, sondern auch viele Adlige, sogar Kirchenleute wie der Abbé (also: Priester) Sieyès, dessen Pamphlet vom Januar 1789 bis heute nachhallt: «Was ist der Dritte Stand? Alles. Was ist er bisher gewesen? Nichts. Was fordert er? Etwas zu sein.» Aber die Menschen in der Provinz hatten oft ganz andere Forderungen als die Eliten in Paris, und erst recht die Handwerker, der Radikalismus der kleinen Leute in der Bewegung der Sansculotten. 1793 rutschte die Revolution in den Terror der Guillotine ab, blieb stecken und endete mit einem Militärputsch, schließlich mit der Kaiserkrönung Napoleons 1804, bevor 1814 die Monarchie der Bourbonen restauriert wurde.

Trotzdem muss man aufpassen, den Wald vor lauter Bäumen nicht mehr zu sehen. Die Französische Revolution markiert in vieler Hinsicht einen Durchbruch, ohne den der Weg zur Demokratie in Europa schwer vorstellbar wäre. Nie wurde die feudale Gesellschaftsordnung radikaler in Frage gestellt als von der Nationalversammlung in der «Nacht des 4. August» 1789. Ständische Unterschiede sollten nicht mehr gelten, sondern alle Franzosen gleichermaßen Bürger sein – sogar der König war, bevor er am 21. Januar 1793 auf der Guillotine starb, nur noch der «Bürger Ludwig Capet». Freiheit und Gleichheit, Wahlen und Parlament, Grundrechte und Republik: Das hatte zwar die Amerikanische Revolution schon etwas früher gefordert und praktiziert, aber für Europa tat es die Französische Revolution. Sie tat es zudem radikaler; auch deshalb reichte ihre globale Wirkung weiter, zum Beispiel in die antikolonialen Befreiungsbewegungen des 20. Jahrhunderts. Und sie reichte schon 1789 tiefer als Generalstände und Bastillesturm: Sie veränderte Mentalitäten und alltägliche Verhaltensweisen in Richtung Freiheit und Gleichheit, sie förderte politisches Selbstbewusstsein und Partizipation. Sie eröffnete eine Vorstellung, die bis heute grundlegend für die Demokratie ist: Traditionen müssen nicht gelten; die Welt ist dynamisch und von den Menschen gestaltbar. Sogar die vertraute Zeitordnung ließ sich, mit einem revolutionären Kalender, neu erfinden.

Damit überschritt die Revolution aber auch Grenzen und führte mögliche Gefährdungen einer entfesselt-radikaldemokratischen Moderne vor Augen. Wie rücksichtslos darf man im Namen von Freiheit und Gleichheit vorgehen? Nicht zuletzt in diesem Spannungsverhältnis liegt bis heute die Bedeutung der Französischen Revolution für die Demokratie. Einerseits ging sie nicht weit genug und verweist auf Versprechen von Freiheit und Gleichheit, die immer noch nicht eingelöst sind. Andererseits ging sie zu weit und dient als Warnzeichen, demokratische Ziele nicht mit ideologischem Starrsinn, Intoleranz und Gewalt zu verfolgen.

26. Entsteht Demokratie immer in Revolutionen? Das ist noch immer ein gängiges Bild der Entstehung von Demokratie: Unterdrücktes Volk erhebt sich, geht auf die Straße und stürmt die Paläste. Der König stirbt auf dem Schafott, der Diktator wird verjagt, dafür eine gerechte Ordnung etabliert, in der das Volk etwas zu sagen hat – die Revolution als Geburtsstunde der Demokratie. Kein Ereignis hat dieses Klischee mehr geprägt als die Französische Revolution von 1789. Wie so häufig mit Klischees, ist in Wirklichkeit alles anders und komplizierter, und doch enthalten sie ein Körnchen Wahrheit, in diesem Fall sogar ein ziemlich großes.

Gewiss, längst nicht alle Demokratien können sich auf eine Revolution im eigenen Land berufen. Oft war es eher ein allmählicher, ein reformerischer Übergang in vielen kleinen Schritten, in denen die Monarchie Rechte abgetreten hat, das Parlament gestärkt und das Wahlrecht erweitert wurde. Dann musste man den König am Ende nicht einmal loswerden. Auf eine solche Geschichte blicken viele der demokratischen Monarchien in Europa zurück: in Skandinavien, in den Niederlanden; teils gilt das auch für Großbritannien. Manchmal waren autoritäre Regimes selbst bei einem Teil der Eliten, die sie gestützt hatten, am Ende ihrer Glaubwürdigkeit. Dann mussten Protest und soziale Bewegung nicht in eine ausgewachsene Revolution münden, sondern der Übergang in die Demokratie konnte verhandelt werden. Spanien in den 1970er Jahren, nach dem Tod des Diktators Franco, ist ein Beispiel dafür, aber auch die Überwindung der Apartheid in Südafrika knapp zwei Jahrzehnte später. Nicht selten ist brutaler Krieg ein Geburtshelfer von Demokratie gewesen, besonders im 20. Jahrhundert. Erst die totale Niederlage und die Unterwerfung unter den Gegner machten den demokratischen Neubeginn seit 1945 in der Bundesrepublik und in Japan möglich.

Aber die Beispiele für den revolutionären Ursprung von Demokratie sind zahlreich, und sie sind besonders gewichtig, weil sie eine globale und nachhaltige, bis heute spürbare Wirkungsgeschichte entfaltet haben, vor allem mit der Amerikanischen und der Französischen Revolution. Man hat das knappe Jahrhundert von diesen beiden großen Revolutionen bis zur Europäischen Revolutionswelle von 1848/49 das «Zeitalter der demokratischen Revolution» genannt. Das klingt inzwischen etwas pathetisch, und man darf das nicht so verstehen, als habe den damaligen Akteuren eine vollständige Demokratie im heutigen Sinne vorgeschwebt. Aber das Etikett ist auch nicht falsch, denn die Rechtfertigung von Herrschaft aus Tradition und göttlicher Setzung war danach so gut wie zerstört, und der Anspruch des einfachen Volkes auf gleiche Rechte und politische Mitbestimmung nicht mehr von der Tagesordnung zu bekommen.

Im 20. Jahrhundert folgte Ernüchterung, vor allem mit der Russischen Revolution von 1917, die von einer bürgerlich-liberalen Verfassungsbewegung in den utopischen Radikalismus des bolschewistischen Oktoberputsches weitertrieb. Das Parlament wurde verjagt, zaghafte Freiheitsrechte kassiert; am Ende stand unter Stalin eine der brutalsten Diktaturen und unfreiesten Gesellschaften der modernen Geschichte. Eine wiederum ganz andere Revolution erfuhr der Iran 1979, wo eine radikal-islamische Theokratie unter Führung des Ajatollah Khomeini das vom Westen gestützte autoritäre Schah-Regime ablöste.

Ein Jahrzehnt später widerlegten die Revolutionen im kommunistischen Ostmitteleuropa die weit verbreitete Annahme, Diktaturen seien unter modernen, industriell-bürokratischen Bedingungen nur noch durch ganz langsame Reformen, durch freiwillige Selbstliberalisierung des Regimes, zu überwinden. Das 1848er-Gefühl des europäischen Völkerfrühlings der Freiheit und Demokratie stellte sich wieder ein, von Leipzig und Ost-Berlin bis zum Baltikum, von Danzig über Prag bis nach Sofia. Neue Erwartungen haben sich, mit den Erfahrungen von 1848 und 1989 im Hinterkopf, seit 2011 auf den «Arabischen Frühling» gerichtet. Das Ergebnis ist offen und folgt weder der Blaupause von 1979 im Iran noch der von 1989 in Europa. Das Verhältnis von Revolution und Demokratie wird immer wieder neu verhandelt.

27. Wie definierte Abraham Lincoln die Demokratie? Am 19. November 1863 kam der amerikanische Präsident Abraham Lincoln (1809–1865) zur Einweihung eines Soldatenfriedhofs auf eines der blutigsten Schlachtfelder des Bürgerkriegs, nach Gettysburg in Pennsylvania. Dort hatten die Unionstruppen im Frühjahr die «Konföderierten» der Südstaaten besiegt. Die Waage neigte sich gegen die Abspaltung des Südens und damit auch gegen die Sklaverei, auf der die Lebens- und Wirtschaftsweise dieser Region mit ihren Tabak-, Baumwoll- und Reisplantagen beruhte. Lincoln führte den Krieg seit 1861, um die Vereinigten Staaten von Amerika unbedingt als Ganzes, als Union, zusammenzuhalten, aber auch, weil er das System der Sklaverei verabscheute und es nicht mit den amerikanischen Gründungsidealen von Freiheit und Gleichheit für vereinbar hielt.

Seine kurze Ansprache ist bis heute eine der bekanntesten politischen Reden überhaupt: wegen ihrer eleganten Kürze, wegen ihrer pathetischen Beschwörung des Opfers der Gefallenen, aber auch, weil sie eine bündige und einprägsame Definition der Demokratie enthält. Dabei benutzte Lincoln diesen Begriff gar nicht. Er erinnerte zunächst an die Unabhängigkeitserklärung von 1776 mit ihrem Versprechen der allgemeinen Gleichheit. Er mahnte, die Soldaten auf dem Schlachtfeld dürften nicht umsonst gestorben sein, und forderte eine «neue Geburt der Freiheit» für die amerikanische Nation. «Government of the people, by the people, for the people, shall not perish from the earth.» Regierung aus dem Volk, durch das Volk und für das Volk dürfe, so der bis heute angesehenste aller amerikanischen Präsidenten, nicht vom Erdboden verschwinden.

Man muss die schlichte Formel genau lesen: Es kommt auf drei kleine Wörter an, auf die Präpositionen «aus», «durch» und «für». Demokratie ist Regierung aus dem Volk, weil sie in ihm ihren Ursprung nimmt, ihre letzte Begründung findet – nicht im dynastischen Prinzip der Monarchie, nicht im Gottesgnadentum. Aber das Volk muss die politischen Dinge auch selber in die Hand nehmen. Kein selbsternannter König, Führer oder Weiser kann sagen, er regiere im Namen eines Volkes, das dazu selber vielleicht zu dumm oder unbegabt sei. Und schließlich muss demokratische Regierung für das Volk da sein, das Wohl der Mehrheit und der Minderheiten im Auge haben. Der Dreiklang lässt sich nicht reduzieren. So wäre ein autoritäres Regime, wenn es der Bevölkerung den größten materiellen Nutzen und das größte Glück brächte, noch lange keine Demokratie.

Anderthalb Jahre später, am 15. April 1865, starb Abraham Lincoln durch Schüsse eines Attentäters in einem Washingtoner Theater. Der Bürgerkrieg ging zu Ende und mit ihm die Sklaverei. Vier Millionen Afroamerikaner in den Südstaaten und ihre Nachkommen mussten noch mindestens hundert weitere Jahre um ihre Bürgerrechte kämpfen, auch um das Wahlrecht. Bis heute wirkt auch Lincolns Rede nach. Seine dreigliedrige Definition von Demokratie hat fast wortwörtlich Eingang in die französische Verfassung von 1958 gefunden, und spätere amerikanische Präsidenten wie Barack Obama berufen sich auf sie.

28. Was hat die Arbeiterbewegung zur Demokratie beigetragen? Handwerksgesellen und Arbeiter griffen seit dem späten 18. Jahrhundert in Proteste und revolutionäre Bewegungen ein. In der Revolution der bürgerlichen Eliten, in Amerika und Frankreich am Ende des 18. Jahrhunderts und in Deutschland 1848, fragten sie: Was haben wir davon? Welche Freiheit und Gleichheit meint ihr? Die sich in Vereinen, Parteien und Gewerkschaften formierende Arbeiterbewegung stand auf dem radikalen Flügel der Demokratie und betonte, aus den drei Schlagwörtern der Französischen Revolution, besonders die Gleichheit und die Brüderlichkeit oder Solidarität. Sie trat vehement für die Republik ein und verweigerte sich den bürgerlich-liberalen Kompromissen mit der Monarchie. Das Ziel war eine «soziale Demokratie» mit fairen Arbeits- und Lebensbedingungen, sozialer Sicherung und politischer Inklusion durch das allgemeine Wahlrecht. Gerade in Deutschland war die sozialdemokratische Arbeiterbewegung um 1900 beides: Sie trat für die klassischen Ziele der liberal-bürgerlichen Demokratie ein, die vielen Bürgern zu heikel geworden waren. Und sie suchte nach Erweiterung der bürgerlichen Demokratie in sozialer Sicherheit und sozialen Rechten, in den materiellen und lebenspraktischen Voraussetzungen der Freiheit. Als das Bürgertum am Ende der Weimarer Republik zu autoritären Lösungen der Krise neigte und die Kommunisten sich in eine stalinistische Republik- und Demokratiefeindschaft verbohrt hatten, hielt die SPD fast als einzige politische Kraft noch die Fahne der Demokratie hoch – bis zu ihrem Nein zu Hitlers Ermächtigungsgesetz am 23. März 1933.

Zugleich haben radikale Strömungen in der Arbeiterbewegung, seit den 1870er Jahren vor allem der Marxismus, die Grenzen der Demokratie so zu erweitern und zu verschieben versucht, dass freie Gesellschaft und Selbstregierung des Volkes dabei auf der Strecke bleiben konnten. Karl Marx (1818–1883) selber schrieb und agitierte und organisierte im Vormärz und in der 48er-Revolution als radikaler Demokrat, machte aber aus seiner Verachtung für die Regeln und

Institutionen der «bürgerlichen» Demokratie wie des Parlaments und der Grundrechte kein Hehl. Für Rosa Luxemburg (1871–1919) und den russischen Revolutionsführer Lenin wurden die sozialistische Revolution und die «Diktatur des Proletariats» zum Selbstzweck. Im Stalinismus bzw. sowjetischen Kommunismus verabschiedete sich ein Teil der marxistischen Arbeiterbewegung endgültig aus der Demokratie.

Während die Arbeiterbewegung in den USA nie bedeutenden Einfluss gewann, geschweige denn an die Macht in Washington kam, ist europäische Demokratie ohne die Arbeiterbewegung schwer vorstellbar. Ohne sie wäre ein großer Teil der Gesellschaft von politischer Teilhabe ausgeschlossen geblieben, und auch die sozialstaatliche Absicherung verdankt sich, ob in Großbritannien oder Skandinavien, wesentlich dem Drängen und der Regierungszeit sozialdemokratischer Parteien.

29. Wieso mussten Frauen so lange um ihre Beteiligung kämpfen?

Warum standen Demokratie, Bürgerrechte, gesellschaftliche Machtpositionen nicht von vornherein beiden Geschlechtern zu? In der Eingrenzung der Demokratie auf Männer, die in der Beschränkung des aktiven und passiven Wahlrechts besonders deutlich wurde, setzte sich ein uraltes Muster männlicher Dominanz und Herrschaft fort. Aber manche Grenzen, etwa zwischen männlicher Vernunft und weiblichem Gefühl, zwischen einer Öffentlichkeit für Männer und einer häuslich-privaten Sphäre für Frauen, verhärteten sich sogar in der bürgerlichen Gesellschaft des 19. Jahrhunderts. Die zunehmende politische Gleichheit der Männer führte manchmal zum umso klareren Ausschluss der Frauen. Andererseits wirkten die neuen, demokratischen und revolutionären Ideen als mächtiger Antrieb für Gleichberechtigung und Frauenbewegung. In England veröffentlichte Mary Wollstonecraft (1759–1797) im Jahr 1792, während der Französischen Revolution, ihre «Rechtfertigung der Frauenrechte». Im Sinne der Aufklärung argumentierte sie: Frauen sind ebenso vernunftbegabt wie Männer und besitzen die gleichen Rechte. In Deutschland versuchte die Schriftstellerin Louise Otto-Peters (1819–1895) während der Revolution von 1848/49, mit ihrer «Frauen-Zeitung» Bürgerinnen für das Reich der Freiheit zu werben.

Seitdem entfaltete sich, in einem bürgerlichen und einem sozialdemokratischen Zweig, die Frauenbewegung und erreichte um 1900 einen vorläufigen Höhepunkt. Je selbstverständlicher das allgemeine Männerwahlrecht wurde, desto mehr trat der Kampf um das Stimmrecht in den Vordergrund. Sogar einige einflussreiche Männer wie der liberale Philosoph John Stuart Mill warben dafür, aber ganz überwiegend mussten Frauen sich ihre Rechte selber erstreiten. In England trugen die «Suffragetten» (was man mit «Stimmrechtlerinnen» übersetzen könnte) diese Forderung mit Protesten auf die Straßen, nachdrücklich und vor dem Ersten Weltkrieg manchmal militant. Da hatte Neuseeland die Frauen, seit 1893, bereits zur Wahlurne zugelassen. Deutschland, England, die USA und viele andere Staaten folgten 1918 bis 1920, also kurz nach dem Krieg. In Frankreich ließ man sich bis 1944 und in der Schweiz sogar bis 1971 Zeit.

Mit dem Gewinn des Stimmrechts und der sonstigen staatsbürgerlichen Gleichstellung war das Kapitel «Frauen und Demokratie» aber nicht abgeschlossen. Um 1970 begann die «neue Frauenbewegung» sich für Selbstbestimmung und praktische Gleichberechtigung in allen Lebenssphären einzusetzen. Denn der Anspruch auf gleiche politische Teilhabe war, wie eine bis dahin fast rein männliche Politik mit wenigen «Alibifrauen» zeigte, steckengeblieben. Aber zum erweiterten Verständnis von Demokratie gehörten immer mehr auch gleiche Rechte jenseits von Parlament und Regierung, nicht zuletzt die Autonomie der privaten Lebensführung. In der Forderung nach «Geschlechterdemokratie» setzt sich das bis heute fort. Noch weiter drängen feministische Demokratiekonzepte, die sich als radikale Kritik an der liberalen Demokratie verstehen, die nach ihrer Ansicht noch immer strukturell patriarchalisch ist. Das wird umstritten bleiben, aber fraglos hat die Frauenbewegung nicht nur etwas für die Frauen erreicht, sondern Begriff und Praxis der Demokratie zugunsten aller erweitert.

30. Immer demokratischer, immer besser – eine Fortschrittsgeschichte? Demokratie – das klingt nicht nur nach einem Regierungssystem, nach einem Schema von Institutionen und Verfahren, sondern häufig auch nach Verheißung und Erwartung. In den letzten zweieinhalb Jahrhunderten hat sich eine Geschichte in dieses Wort eingeschrieben, die von der Hoffnung auf Selbstbestimmung und dem Kampf um Freiheit erzählt, von der Überwindung traditioneller Widerstände in Ständegesellschaft und Monarchie und dem letztlich siegreichen Konflikt mit neuen Feinden wie den Diktaturen des

20. Jahrhunderts. Doch Stück für Stück ging es voran bis zum Ziel einer freien politischen Ordnung und eines guten Lebens. Demokratie – eine Fortschrittsgeschichte! Diese Perspektive hat bis heute so nachhaltig gewirkt, weil die demokratische Bewegung selber im Zeitalter des liberalen Fortschrittsdenkens groß geworden ist, für das sie, neben dem Siegeszug von Wissenschaft und Technik, eine der großen Projektionsflächen bildete. Demokratische Erwartung und Fortschrittserwartung gingen eine beinahe unauflösliche Verbindung ein. In Deutschland war diese Verbindung besonders eng, gerade weil viele Rückschläge den Weg markierten, am schlimmsten der Untergang der Weimarer Republik und die Herrschaft des Nationalsozialismus. So erschien Demokratie nach 1945 nicht nur als unabweisbarer Fortschritt, als Sieg des Guten über das Böse, sondern zugleich als eine Art Heiliger Gral, in dessen Besitz man gelangen müsse, um dann ewige Lebenskraft aus ihm zu trinken.

Spätestens 1990 müssten die Deutschen den Heiligen Gral gefunden haben und glaubten es damals auch für kurze Zeit. Aber warum geht der Streit um Demokratie dann weiter, wo doch Freiheit und Einheit gesichert sind? Heute hat, in Deutschland wie in den meisten etablierten Demokratien, das nüchterne Bild einer Dauerkrise die emphatische Fortschrittserwartung abgelöst. Eine endgültige Ankunft in der Demokratie gibt es nicht. Vielmehr häutet sich Demokratie immer wieder, sie nimmt unterschiedliche Aggregatzustände an. So verliert auch die zeitweise heiß diskutierte Frage, wann die (West-)Deutschen denn nun wirklich in der Demokratie angekommen seien, viel von ihrer Schärfe: 1949 mit dem Grundgesetz? Oder mit dem Aufbruch von 1968? Oder noch später, oder bis heute nicht? Die 1950er und 1960er Jahre waren eher *anders* als *weniger* demokratisch, weil sich die Erwartungen seitdem gewandelt haben. Die Maßstäbe einer grünen «Basisdemokratie» oder einer internetbasierten *liquid democracy* lassen sich an die Regierungszeit Konrad Adenauers (1949–63) nicht anlegen. Alles wird, mit dem Soziologen Niklas Luhmann gesprochen, besser und schlechter zugleich. Die Geschichte der Demokratie, aber auch das Engagement in ihr ist Sisyphusarbeit. Ob die Mühe sinnlos ist oder ob wir uns Sisyphus als glücklichen Menschen vorstellen müssen (Albert Camus), bleibt offen.

IV Rechte und Freiheiten

31. Menschenrechte, Bürgerrechte, Grundrechte – ist das alles dasselbe? Jedenfalls sind alle drei Konzepte eng miteinander verflochten, mit einem historischen Knotenpunkt im späten 18. Jahrhundert. Kurz vor der Unabhängigkeit verabschiedete das Parlament von Virginia im Juni 1776 eine Erklärung grundlegender Rechte. Die *Virginia Declaration of Rights* ist der erste moderne Rechtekatalog, der auch praktisch-politisch bedeutsam wurde. Wie in der englischen Tradition üblich, ging es ganz schlicht um *rights* – um Rechte des Einzelnen, die jedem von Natur aus zustehen sollen, unabhängig von einer konkreten Staatsform, ja überhaupt von einer staatlich-nationalen Zugehörigkeit. Bevor der Mensch in eine staatliche Ordnung eintritt, ist er frei und gleich, hat ein Recht auf Eigentum, körperliche Unversehrtheit und freie Meinungsäußerung. Dieses vorpolitische oder vorstaatliche Verständnis ist dem heutigen Begriff von Menschenrechten sehr nahe. Als die Vereinten Nationen ihre Allgemeine Erklärung der Menschenrechte im Dezember 1948 verabschiedeten – bis heute das wichtigste Dokument grundlegender Rechte des Einzelnen in globaler Perspektive –, ging es vor dem Hintergrund des Zweiten Weltkriegs und von Diktaturen wie dem Nationalsozialismus um Ansprüche, die über Rechtsordnung und Praxis einzelner Staaten hinausgehen sollten. Die Botschaft war also: Auch wenn du als Flüchtling heimatlos bist oder in einer Diktatur lebst, die einen Grundrechtekatalog in ihrer Verfassung nicht kennt oder ihn missachtet, sind dir diese Rechte und Freiheiten nicht zu nehmen, an erster Stelle das Recht auf Leben, Freiheit und Sicherheit der Person (Art. 3).

Die Deklaration von Virginia trennte jedoch nicht zwischen vorpolitischen Naturrechten und den Rechten, die einem als Bürger eines bestimmten Staates zukommen. In der Französischen Revolution erkannte man dieses Problem der Doppelnatur von Rechten. Deshalb beschloss die Nationalversammlung am 26. August 1789 die «Erklärung der Menschen- und Bürgerrechte». Aber eine scharfe Trennung existierte auch hier nicht. Der freie Mensch war zugleich *citoyen*, also Staatsbürger mit politischen Rechten, die auf ein konkretes Gemeinwesen hin gedacht waren, hier die französische Nation. Und aus der natürlichen Freiheit konnte sich kein anderes Regierungssystem als ein demokratisches ergeben. In Deutschland wiederum spielten Naturrecht und revolutionäres Denken im 19. Jahrhundert, als Liberale ebenfalls fundamentale Rechte forderten, eine geringere Rolle. Recht war nichts Angeborenes, sondern etwas Aufgeschriebenes. Dafür passte der Ausdruck «Grundrechte», und so verabschiedete die Nationalversammlung in der Frankfurter Paulskirche im Dezember 1848 die «Grundrechte des deutschen Volkes». Dabei blieb es. Die Weimarer Verfassung akzentuierte, mit ihren «Grundrechten und Grundpflichten der Deutschen», die staatsbürgerliche Seite. Nach der Erfahrung des Nationalsozialismus stellte das Grundgesetz 1949 «Die Grundrechte», wie es jetzt bloß noch heißt, an den Anfang der neuen Verfassung (Art. 1–19). In ihnen verbinden sich allgemeine Menschenrechte wie Leben und körperliche Unversehrtheit mit solchen Rechten, die ausdrücklich den «Deutschen» als Staatsbürgern bzw. Staatsangehörigen vorbehalten sind.

32. Sind alle Menschen ursprünglich frei und gleich? Historisch lässt sich diese Frage kaum beantworten. Alle frühen Hochkulturen des Orients und Mittelmeerraums kannten neben Schrift, Städten und Sesshaftigkeit auch politische Herrschaft, meist in einer Form des Königtums, und soziale Ungleichheit, häufig sogar Sklaverei. Als die Menschen noch als Jäger und Sammler lebten, war die politische Organisation lockerer und die Gleichheit größer, weil sich unterschiedliche Funktionen und Berufe noch kaum herausgebildet hatten. Und ein karges Leben im permanenten Kampf um die elementaren Bedürfnisse entspricht jedenfalls nicht den heutigen Vorstellungen von Freiheit, obwohl die Suche nach solcher Ursprünglichkeit «Aussteiger» und anarchische Bewegungen bis heute antreibt. Aber auf geschichtliche Fakten zielt diese Frage ohnehin kaum, sondern auf eine Projektion, auf eine Fiktion, die in der politischen Theorie vor allem im 17. und 18. Jahrhundert eine wichtige Rolle gespielt hat und bis heute nachhallt.

Man stellte sich einen herrschafts- und staatsfreien Naturzustand menschlicher Existenz vor und fragte: Wie entsteht nun politische Herrschaft? Und wie lässt sich Regierung von Menschen über Menschen rechtfertigen, wenn sie nicht immer schon da war und als natur- oder gottgegeben hingenommen werden muss? Im englischen Bürgerkrieg nahm Thomas Hobbes' Antwort eine düstere Farbe an: Der Mensch ist nicht von Natur aus gut, weshalb im Naturzustand ein «Krieg aller gegen alle» herrscht. Erst das Eingreifen kraftvoller staatlicher Autorität, so Hobbes in seinem «Leviathan» von 1651, machte friedliches Zusammenleben möglich. Wenige Jahrzehnte später gründete John Locke seine politische Theorie auf ein optimistisches Menschenbild. Die Menschen sind im Naturzustand frei und mit gleichen Rechten ausgestattet. Doch um Schaden und Feinde abzuwehren, setzen sie eine Regierung ein, in einer gemeinsamen Verabredung, einem Vertrag. Herrschaft ist deshalb nur mit der Zustimmung der Beherrschten möglich. Diese Ideen Lockes, auch seinen Begriff der «unveräußerlichen Rechte», übernahm Thomas Jefferson 1776 in die amerikanische Unabhängigkeitserklärung. Jean-Jacques Rousseau führte etwa zur selben Zeit die Vorstellungen von Naturzustand und Vertragstheorie auf einen Höhepunkt. Seine 1762 erschienene Schrift über den Gesellschaftsvertrag beginnt mit einem bis heute hörbaren Paukenschlag: «Der Mensch ist frei geboren, und überall liegt er in Ketten.» Die Menschen müssten sich so zusammenschließen, dass ihre widerstreitenden Interessen in einem Gesamtwillen aufgehen, der für sie alle das Beste schafft und sie damit frei sein lässt.

Nach den großen Revolutionen in Nordamerika und Frankreich lösten andere Begründungen von Herrschaft und Demokratie die Vertragstheorien ab. Aber das naturrechtliche Konzept einer ursprünglichen, angeborenen und unveräußerlichen Freiheit und Würde des Menschen beeinflusst bis heute die Menschenrechtsdebatte. Karl Marx wiederum nahm die Idee einer herrschaftsfreien «Urgesellschaft» auf und machte sie als Kommunismus zum Endziel der Geschichte. Die Fiktion eines Vertrages zur einvernehmlichen Begründung von staatlicher Ordnung klingt sogar in der Präambel des Grundgesetzes an, nach der sich «das Deutsche Volk kraft seiner verfassungsgebenden Gewalt dieses Grundgesetz gegeben» hat.

33. Ist Staatsbürgerschaft ausgrenzend und nationalistisch? In aktuellen Konflikten um globale Migration oder Flüchtlingsströme in die EU erscheint die Idee der Staatsangehörigkeit häufig als antiquiert. Ist es in einer zunehmend entgrenzten und kosmopolitischen Welt nicht nationalistisch und undemokratisch, Menschen auf die Zugehörigkeit zu einem bestimmten Staat festzulegen und anderen den Zugang dazu zu verweigern? Tatsächlich ist die Staatsangehörigkeit keine Erfindung oder Besonderheit der Demokratie, sondern ein Baustein der bürokratischen Staatsbildung, die sich in Europa seit der Frühen Neuzeit verdichtete. Der Staat strebte nach Erfassung und

Kontrolle seiner Untertanen auf einem zunehmend durch feste Grenzen definierten Territorium. Er konnte Aufenthalt und bestimmte Privilegien – bis heute zum Beispiel den Zugang zu bestimmten Sozialleistungen – gewähren oder verweigern. Früher galt das sogar für einzelne Städte, die Fremde am Stadttor überprüften und nur den Inhabern eines städtischen Bürgerrechts soziale Unterstützung zukommen ließen sowie politische Teilhaberechte gewährten.

In Deutschland verstärkte lange Zeit das *ius sanguinis*, das «Blutsprinzip», diese exklusive Dimension der Staatsangehörigkeit: Man war Deutscher, wenn auch die Eltern Deutsche waren. Das klingt plausibel, begünstigte aber in der Zeit des Nationalsozialismus die Ausgrenzung auf der Grundlage vermeintlicher «Rasse»- und Blutszugehörigkeit. In der Bundesrepublik passte es immer weniger zu einer Einwanderungsgesellschaft, in der Migranten nicht bloß «Gastarbeiter» waren, sondern ihren Kindern und Enkeln hier eine neue Heimat gaben, ohne dass sie Staatsangehörigkeit und volle staatsbürgerliche Rechte besaßen. Deshalb hat das neue Staatsangehörigkeitsgesetz im Jahr 2000 Elemente des «Ortsprinzips», des *ius soli*, eingeführt, das in westlichen Ländern wie Frankreich oder den USA schon länger gilt: Wer in einem Land geboren wird, bekommt auch dessen Pass, eventuell auch zusätzlich zur Staatsangehörigkeit der Eltern.

Die heftigen Debatten darüber zeigen: Es geht nicht nur um Ausgrenzung und Kontrolle, sondern um Integration und die Teilhabe an Rechten. Die bürokratisch-staatliche Staats*angehörigkeit* ist vor allem eine Staats*bürgerschaft* und sichert damit allen, die sie besitzen, unverbrüchliche Rechte zu, nicht zuletzt die vollen Rechte der politischen Teilhabe, also das aktive und passive Wahlrecht. Es war eine revolutionäre Idee, dass solche Rechte nicht mehr für verschiedene Stände oder Vermögensklassen abgestuft gelten sollten, sondern für alle (Männer, später auch Frauen) gleich. Insofern ist die Staatsbürgerschaft ganz eng mit Freiheit und mit Gleichheit verknüpft und damit ein Anker der Demokratie, erst recht, wenn man Demokratie mehr aus individuellen Rechten statt aus einem kollektiven Volk begründet (siehe 12). Das Grundgesetz bestimmt in Artikel 16, auch als Antwort auf den Nationalsozialismus: Die Staatsangehörigkeit darf nicht entzogen werden, und Deutsche dürfen nicht staatenlos gemacht werden. Staaten grenzen aus, aber sie schützen, ja konstituieren auch individuelle Rechte.

34. Was ist wichtiger: Freiheit oder Gleichheit? So fragen Meinungsforschungsinstitute häufig, und anschließend wird debattiert, ob den Deutschen die Freiheit nicht wichtig genug ist und der Unterschied zwischen westdeutscher Freiheitsliebe und ostdeutscher Gleichheitssehnsucht verschwindet. Die Frage ist aber falsch gestellt (und anderswo gar nicht üblich), denn beide Werte sind in der Demokratie unauflöslich miteinander verbunden. Im klassischen Athen galt das Prinzip der *isonomia*, was man mit Gleich-Gesetzlichkeit übersetzen könnte: Als politische Bürger, zum Beispiel in der Volksversammlung, begegneten sich alle in Gleichheit. Eine gleiche ökonomische Stellung war damit nicht gemeint, und frei im Gegensatz zu den Sklaven waren die Bürger ohnehin. Die Französische Revolution verkündete *liberté* und *égalité* im selben Atemzug; die amerikanische Unabhängigkeitserklärung ging von natürlicher Gleichheit aus und forderte an erster Stelle *life, liberty, and the pursuit of happiness*. Dass das Streben nach Glück aus individueller Freiheit zu einer ungleichen Gesellschaft führt, akzeptieren die Amerikaner bis heute leichter als die Europäer.

Ob es einem persönlich gefällt oder nicht – für die moderne Demokratie ist Freiheit der Eckpfeiler. Demokratische und emanzipatorische Bewegungen haben sich auch im 20. Jahrhundert zuerst als Verfechter der Freiheit verstanden und tun das bis heute. Auch die Arbeiterbewegung stellte die Freiheit an die erste Stelle. Willy Brandt blickte unter dem Titel «Links und frei» auf sein Leben zurück und verabschiedete sich 1987 als Parteivorsitzender der SPD mit dem Bekenntnis, neben dem Frieden sei ihm «ohne Wenn und Aber» die Freiheit wichtiger als alles andere, allerdings: «Die Freiheit für viele, nicht für die wenigen». Der Kampf der SPD gegen Obrigkeitsstaat und Ausgrenzung im Kaiserreich galt ebenso der Freiheit wie das Aufbegehren gegen die Diktatur in Osteuropa 1989 und der heutige Streit um die Übermacht des Internets. Insofern ist die Frage auch deshalb falsch gestellt, weil der Vorrang der Freiheit gar nicht zweifelhaft sein kann.

Aber welche Freiheit, und welche Gleichheit? Gleichheit der ökonomischen Lage, von Einkommen und Vermögen, ist damit überwiegend (außerhalb der linkssozialistischen Tradition) nicht gemeint. Bloße Gleichheit vor dem Gesetz (GG Art. 3, Abs. 1) oder die naturrechtliche Fiktion des *created equal* entspricht jedoch nicht mehr den Vorstellungen von einer fairen und demokratischen Gesellschaft. Das Ziel ist vielmehr Chancengleichheit, die nicht nur auf dem Papier steht, sondern auch aktiv befördert wird, zum Bei-spiel im Bildungssystem. Oder man spricht von Teilhabegerechtig-keit und Inklusion, weil die Chance, dabei zu sein, statt außen vor zu bleiben, wichtiger ist als absolute materielle Gleichheit.

Der Rechtswissenschaftler Christoph Möllers hat das Verhältnis der beiden Werte in der Demokratie auf die knappe Formel der «glei-chen Freiheit» gebracht. Freiheit ist das Nomen, Gleichheit ihr Attri-but – man könnte also nicht mit demselben Recht von «freier Gleich-heit» sprechen. Aber Freiheit kann auch nicht alleine, ohne diese nähere Bestimmung, stehen. Wie viel und welche Gleichheit damit gemeint ist, und worin die Freiheit ihre Schranken findet, muss stets neu ausgehandelt werden. Einen «Goldenen Schnitt» gibt es nicht.

35. Was ist das wichtigste Grundrecht überhaupt? «Die Zeit ist hoffentlich vorbei, wo eine Verteidigung der ‹Pressefreiheit› als Schutzmaßregel gegen verderbtes oder tyrannisches Regiment erfor-derlich war.» Das ist kein Satz aus der Gründungszeit der Bundes-republik, sondern drückte fast hundert Jahre früher, 1858/59, die Er-wartung des englischen Liberalen John Stuart Mill aus. Man könnte endlos darüber streiten, welches fundamentale Recht für eine Demo-kratie das wichtigste ist. Ohne das Recht auf Leben, Sicherheit und körperliche Unversehrtheit ist alles andere nichts. Aber das kann auch eine aufgeklärte Monarchie oder ein autoritäres Regime garantieren. Für eine freie politische Gesellschaft und Verfassung ist das Recht auf freie Meinungsäußerung so etwas wie ein archimedischer Punkt, von dem aus sich andere Rechte bestimmen lassen. Wenn elementare physische Bedürfnisse erfüllt sind, beginnt die Freiheit des Kopfes. In Deutschland, wo Philosophie und Kultur lange Zeit eine Vorliebe für den Geist statt für die Praxis hatten, forderte man deshalb mit Fried-rich Schillers Drama «Don Karlos»: «Sir, geben Sie Gedanken-freiheit». Vom Vormärz über den Nationalsozialismus bis in jüngere Protestbewegungen spendete das Lied «Die Gedanken sind frei» Hoff-nung oder Trost. Aber die freien Gedanken müssen auch frei ausge-sprochen werden, sich also in die Praxis der freien Meinungsäußerung übersetzen. In der englischen und amerikanischen Demokratiekultur nimmt die freie Rede einen besonders prominenten Platz ein, von Par-lament und *Speakers' Corner* am Londoner Hyde Park bis zur emphati-schen Betonung der *free speech* in der Bürgerrechtsbewegung oder auf dem Campus der Universität von Berkeley 1964.

Das Recht auf freie Rede und Meinungsäußerung wiederum über-setzt sich in die Pressefreiheit, die zunächst für die gedruckte Presse und inzwischen für alle Medien gilt. Auch im Grundgesetz sind all-gemeine Meinungsfreiheit und Pressefreiheit im Artikel 5 unmittelbar verbunden. Man soll seine Meinung aber nicht nur vertreten, sondern sie auch auf die Straße tragen und sich gemeinsam mit anderen für sie einsetzen dürfen. Daraus ergibt sich die Versammlungsfreiheit, insbe-sondere auch das Demonstrationsrecht, und die Vereinigungsfreiheit, also das Recht, Vereine, Parteien oder andere Organisationen zu bil-den. Darum ging es immer wieder in den mitteleuropäischen Frei-heitsbewegungen der 1980er Jahre: im Kampf um die Anerkennung der freien Gewerkschaft «Solidarität» in Polen oder des «Neuen Forums» in der DDR 1989.

Nicht zuletzt drückt das Recht auf freie Meinungsäußerung aus: Nicht alle sind derselben Meinung. Meinungsfreiheit muss deshalb erstens als Recht auf Dissidenz gelten, auf abweichende Meinung gegenüber derjenigen der Regierung. Sie muss zweitens in der Vielfalt von Stimmen innerhalb der Gesellschaft anerkannt sein. Von ihr füh-ren also Brücken in zentrale Konzepte der Demokratie wie Opposi-tion und Pluralismus. In beiderlei Hinsicht, als Dissidenz und als Pluralismus, ist die Geschichte der Meinungsfreiheit eng mit der Religionsfreiheit verknüpft, vor allem mit der Anerkennung religiö-ser Pluralität nach der Reformation. Englische Puritaner, Dissiden-ten der anglikanischen Staatskirche, suchten Freiheit in Nordame-rika. In Deutschland ist die Idee der Toleranz ohne die konfessionelle Spaltung nicht denkbar und außerdem tief geprägt im christlich-jüdischen Verhältnis. Im frühen 21. Jahrhundert ist die Bedeutung der Religionsfreiheit für die allgemeine Meinungs- und Gedanken-freiheit in vielen Regionen der Welt wieder greifbar geworden. Auf an-dere Weise hat das Internet die Meinungs- und Redefreiheit aktuell werden lassen. Der Satz von John Stuart Mill warnt also bis heute.

36. Welche sozialen Rechte gehören zur Demokratie? Die sozia-len Rechte sind ein Zankapfel der Demokratie. In Deutschland ge-hörten sie sehr früh zum Forderungskatalog der demokratischen Bewegung, zum Beispiel in den Offenburger «Forderungen des Vol-kes» vom 12. September 1847. «Wir verlangen Ausgleichung des Missverhältnisses zwischen Arbeit und Kapital. Die Gesellschaft ist schuldig die Arbeit zu heben und zu schützen», hieß es da unter anderem. Gut hundert Jahre später heißt es im Grundgesetz: «Die Bundesrepublik Deutschland ist ein demokratischer und sozialer Bundesstaat» (Art. 20, Abs. 1). Das sogenannte Sozialstaatsgebot wird hier ganz eng an den Kern der Demokratie gerückt, aber in der Verfassung kaum näher erläutert.

Das liberale Marktmodell mit seinem Ideal freier Eigentümer sah soziale Schutzrechte nicht vor. So machten vor allem die Arbeiterbewegung und die sozialistische Theorie der Demokratie darauf aufmerksam, dass Gewerbefreiheit den ärmeren und lohnarbeitenden Schichten der Bevölkerung wenig nützt und politische Rechte nicht ausreichen. Ein «Volksstaat», wie er der Sozialdemokratie vorschwebte, musste das Volk auch in seiner konkreten Lebenspraxis schützen und fördern: ihm zu einem angemessenen Lebensunterhalt verhelfen, zu Wohnung und zu Arbeit, deren Lohn vor Armut schützt und Teilhabe an der Gesellschaft ermöglicht. Ohne diese Bewegung hätte es eine sozialstaatliche Ausgestaltung der europäischen Demokratien kaum gegeben. Aber gefährlich ist es, die sozialen Rechte gegen die liberal-individualistischen Grundrechte auszuspielen, so wie es die DDR gerne tat: Ihr im Westen habt «nur» die liberalen Rechte, von denen der Großteil des Volkes (angeblich) nichts hat, dessen grundlegende soziale Bedürfnisse dafür bei uns befriedigt sind.

Also nicht Entweder-oder, sondern die sozialen Rechte bauen, wie das schon im Offenburger Programm von 1847 stand, auf den elementaren Freiheitsrechten auf. Der britische Soziologe Thomas H. Marshall (1893–1981) hat daraus ein historisches Stufenmodell konstruiert: Zu den bürgerlichen Rechten des 18. Jahrhunderts treten im 19. die politischen Rechte wie das allgemeine Wahlrecht hinzu, und im 20. Jahrhundert schließlich die sozialen Rechte. Das ist stark vereinfacht und stimmt nicht überall, aber tatsächlich hat die sozialstaatliche Expansion der Demokratie erst nach dem Ersten Weltkrieg, überwiegend sogar erst nach 1945, Fahrt aufgenommen. Doch die Spannweite der Sozialstaatskulturen in den westlichen Demokratien ist groß geblieben, nicht nur zwischen den USA und Europa, sondern auch innerhalb der Europäischen Union, die sich auf Leitbild und Praxis einer «Sozialunion» bisher noch nicht verständigen konnte. Bestimmte Transferleistungen lassen sich aus dem Prinzip einer sozialstaatlichen Demokratie ohnehin nicht ableiten, aber einige Säulen sind weithin unumstritten: die allgemeine Unterstützung zum Lebensunterhalt, Wohnung und Gesundheitsversorgung.

37. Was hat Rechtsstaat mit Demokratie zu tun? In der politischen Kultur der Bundesrepublik nimmt der Rechtsstaat einen besonders wichtigen Platz ein. Das hat historische Gründe. Nach der Erfahrung mit dem nationalsozialistischen «Maßnahmenstaat» (Ernst Fraenkel), der sich mit seiner Willkür über gesetzliche Normen unberechenbar hinwegsetzen konnte, sollte die Bindung der demokratischen Staatsorgane «an Gesetz und Recht», wie es im Artikel 20, Absatz 3 des Grundgesetzes heißt, umso sicherer gelten. Aber die besondere Hochschätzung des Rechtsstaats geht in Deutschland schon auf das 19. Jahrhundert zurück. Er war, zum Beispiel bei Robert von Mohl (1799–1875), einer der Grundpfeiler des liberalen Staatsdenkens, das sich damit von monarchischer und bürokratischer Willkür abgrenzen wollte. Mohl war jedoch kein Demokrat, und das Deutsche Kaiserreich von 1871 entwickelte sich geradezu zum Musterbeispiel eines Rechtsstaates ohne Demokratie: mit komplexen Kodifikationen wie dem bis heute geltenden Bürgerlichen Gesetzbuch (BGB) von 1900 und der Möglichkeit, vor dem Verwaltungsgericht sein Recht gegenüber Staatsbehörden einzuklagen. Freiheit und Gleichheit durch die Herrschaft der Gesetze – dieser Gedanke spielte auch in der französischen Aufklärung eine wichtige Rolle, etwa in Montesquieus Abhandlung «Vom Geist der Gesetze», und in der Amerikanischen Revolution, als John Adams 1775 festhielt: «A republic is a government of laws, and not of men». Darin kam die Verbindung von Rechtsstaat und freiheitlicher Selbstregierung klarer zum Ausdruck als in der deutschen Tradition.

Mit Blick auf die SED-Diktatur wird immer wieder kontrovers diskutiert, ob die DDR ein «Unrechtsstaat» gewesen sei. Bürger werden verhaftet, wenn sie freie Wahlen fordern, oder erschossen, wenn sie über die Grenze gehen möchten: Kann das ein Rechtsstaat sein? Andererseits kannte die DDR eine Rechtsordnung, schuf sich Gesetzbücher und Straftatbestände wie den «ungesetzlichen Grenzübertritt», auch als «Republikflucht» bekannt – es sollte eben ein anderes, nicht bürgerlich-liberales, sondern «sozialistisches Recht» gelten. Auch das «Dritte Reich» schuf sich, unter Berufung auf das Volk, seine Gesetze, darunter so perfide wie die Nürnberger Rassengesetze von 1935. Das zeigt: Rechtsstaat heißt mehr als die Geltung und praktische Anwendung von Gesetzen, unabhängig von ihrem Zustandekommen und Inhalt. Die Juristen sagen: Rechtsstaat ist mehr als «positives», das heißt in Gesetzen aufgeschriebenes, Recht. Es geht vielmehr auch um ein höheres, übergeordnetes Recht, das sich an den Kriterien der Menschenwürde und Gerechtigkeit orientiert. Das können wiederum übergeordnete Rechtsnormen sein – so wie die «Republikflucht» im Gegensatz zur Freizügigkeit stand, die in der UN-Charta der Menschenrechte verbrieft ist. Aber auch der Appell an allgemeine und abstrakte Normen gehört dazu.

Nicht zuletzt durch die Erfahrung der Diktaturen des 20. Jahrhunderts haben sich Rechtsstaat und Demokratie aufeinander zubewegt. Eine Demokratie ist heute ohne Rechtsstaat nicht denkbar – das wäre ein Staat, dessen Regierende sich zwar auf das Volk berufen, aber Rechtsordnung, Menschenwürde und Minderheiten missachten. Aber auch ein Rechtsstaat ohne Demokratie, wie es das Kaiserreich war, würde nicht dauerhaft bestehen können, weil Recht und Gerechtigkeit im Widerspruch zu obrigkeitlicher oder autoritärer Staatsordnung stehen.

38. Was ist die Tyrannei der Mehrheit? Eine demokratische Mehrheit beschließt, die Demokratie abzuschaffen. Oder sie verabschiedet ein Gesetz, das eklatant gegen Grundrechte und Freiheiten des Einzelnen verstößt. An wen soll man sich, aus verletztem Recht und in einer Minderheitsposition, eigentlich wenden, wenn alle Staatsorgane den Willen der Mehrheit ausdrücken? Diese Fragen beschäftigten Alexis de Tocqueville (1805–1859) in seinem berühmten Buch über die Demokratie in Amerika. Damals, in den 1830er Jahren, erlebten die USA den Durchbruch zur egalitären Massendemokratie (der weißen Männer), und der französische Adlige auf Amerikareise spitzte ein Problem zu, das in die antike Theorie der Politik zurückreichte: Wie kann sich ein vernünftiges Gemeinwesen vor der ungezügelten Herrschaft der Masse, des «Pöbels», schützen? Es muss ein höheres Prinzip als den Mehrheitswillen des Volkes geben, meinte Tocqueville, nämlich Recht und Gerechtigkeit. Über der Volkssouveränität steht die «sovereignty of the human race»; wir würden heute sagen: Menschenrechte und Menschenwürde.

Ebenso wichtig sind Sicherungen in der demokratischen Staatsorganisation. Sie muss kompliziert und verschachtelt sein, damit sich der Mehrheitswille nicht allzu schnell und stromlinienförmig durchsetzt und Minderheiten eine Chance erhalten. Das ist ein wichtiges Argument für die Gewaltenteilung und für einen gestuften, zum Beispiel föderalen Staatsaufbau. Damit nicht ständig 52 Prozent die anderen 48 Prozent majorisieren, kann man qualifizierte Mehrheiten fordern, zum Beispiel eine Zweidrittelmehrheit, wie sie für die Änderung des Grundgesetzes nötig ist.

Die «Tyrannei der Mehrheit» erinnert daran, dass Demokratie mehr ist als eine Politik des Mehrheits- oder Volkswillens. Aber seit dem späten 20. Jahrhundert hat sich diese Problemlage entschärft; manche würden sogar sagen: Sie hat sich umgekehrt. Zum einen haben die westlichen Demokratien eine neue Kultur des Respekts vor Minderheiten entwickelt. Sie zeigt sich an regionalen Autonomierechten für ethnische oder sprachliche Minderheiten ebenso wie im Bemühen um Inklusion und «Barrierefreiheit» für Menschen mit Handicaps. Die neuen Formen der partizipatorischen Demokratie mit ihren Protesten und Initiativen haben die Chancen für kleine Gruppen und Minderheiten verbessert, sich politisch Gehör zu verschaffen. Wenn die Mehrheit in schweigender Zustimmung zur parlamentarischen Politik verharrt, könnte daraus eine «Tyrannei der Minderheiten» werden: Wenige Lautstarke drücken der schweigenden Mehrheit ihren Willen auf. Der amerikanische Präsident Richard M. Nixon appellierte in der Hochphase der linken Protestbewegungen an die «silent majority», und die deutsche Meinungsforscherin Elisabeth Noelle-Neumann warnte vor einer «Schweigespirale» der (mutmaßlich konservativen) Mehrheit angesichts einer, wie sie fürchtete, öffentlichen Dominanz von Minderheitenpositionen. Inzwischen sind diese Links-Rechts-Konflikte weniger wichtig. Dafür geht es häufiger um die Spannung zwischen Minderheiteninteressen und Gemeinwohl, zum Beispiel wenn Anwohner sich wegen Lärmbelästigung gegen einen Kindergarten wehren. Die Frage ist dann: Wie kann eine Demokratie den Willen der Mehrheit durchsetzen, ohne dass diese Mehrheit zum Tyrannen wird.

39. Was ist der Unterschied zwischen Liberalismus und Demokratie? Liberalismus ist die Theorie und politisch-soziale Bewegung, die sich für Freiheit und Selbstbestimmung des Individuums einsetzt. Menschen sind verschieden, aber sollen sich, modern gesprochen, möglichst weitgehend «selbst verwirklichen» können. Die Verschiedenheit der Interessen und Ideen wird offen ausgetragen, in einem wettbewerblichen Pluralismus – das Modell des Marktes gilt insofern auch jenseits der Ökonomie. Frei zu sein heißt aber auch, sich selbst zu regieren. Ist das nicht Demokratie?

Demokratie – nicht als Regierungsform, sondern wiederum als Theorie und als politisch-soziale Bewegung – strebt nach der Herrschaft des Volkes, eines Volkes gleicher und freier Bürgerinnen und Bürger, nach Emanzipation von Autoritäten. Gleichheit ist den Demokraten wichtiger als den Liberalen, aber nicht unbedingt wichtiger als die Freiheit. Im 19. Jahrhundert waren, wenn beide Strömungen sich als politische Parteien organisierten, die Demokraten radikaler und «linker» als die Liberalen. Sie traten, was die Staatsform angeht, eher für die Abschaffung der Monarchie ein und wandten sich scharf gegen die politische Ungleichbehandlung nach Einkommen und Vermögen durch Wahlzensus oder gestuftes Klassenwahlrecht. Frühzeitig machten sie auf soziale Schieflagen in der industriell-kapitalistischen Entwicklung aufmerksam, forderten die Intervention des Staates oder eine progressive Einkommensteuer.

Im Laufe des 20. Jahrhunderts jedoch haben sich Liberalismus und Demokratie weithin einander angenähert und sind in Theorie und Praxis der modernen Demokratie kaum noch voneinander zu trennen. Der Liberalismus hat sich demokratisiert; für eine nach Vermögen gestufte Beteiligung tritt längst kein Liberaler mehr ein. Und sofern die Demokraten nicht immer schon, als dessen linker Flügel, die Grundideen des Liberalismus teilten, sind Grundrechte, individuelle Freiheit und Pluralismus für sie ebenso selbstverständlich geworden. Die parlamentarische Demokratie in rechts- und sozialstaatlicher Einbettung ist der konkrete gemeinsame Nenner beider Strömungen geworden.

Denn alle Versuche, Liberalismus und Demokratie scharf voneinander zu trennen, sind gescheitert – weniger in der Theorie als in der historischen Realität. In rechten wie in linken Varianten liefen sie meist darauf hinaus, Demokratie unter Verzicht auf liberale Prinzipien zu verwirklichen. Dabei sind nicht nur Grundrechte und Minderheitenschutz, sondern auch der Parlamentarismus oder die Freiheit, sich in Parteien zu organisieren, unter die Räder gekommen. In der wissenschaftlichen Debatte, in der politischen Theorie der Demokratie, lebt das Spannungsverhältnis jedoch fort, zum Beispiel in marxistischen Konzepten einer «radikalen Demokratie», in denen die utopische Sehnsucht nach Gleichheit und Herrschaftsfreiheit weitergetragen wird.

V Demokratie in Deutschland

40. Gibt es einen deutschen Sonderweg der Demokratiegeschichte? Vor hundert Jahren hätte man eher mit Stolz auf eine Besonderheit der deutschen Kultur hingewiesen, die sie angeblich vom «Westen» unterschied. Damit meinte man schon damals den Nachbarn (und «Erbfeind») Frankreich, England und die Vereinigten Staaten von Amerika: die Länder mit demokratischem Selbstverständnis und liberaler politischer Kultur, die zugleich die Konkurrenten des Deutschen Reiches auf den Weltmärkten und beim Kampf um einen Platz in der Weltpolitik waren. Ihre politische Verfassung, ihre ganze Kultur galt als oberflächlich. Sie hatten vielleicht «Zivilisation», aber echte Kultur, im tiefen und philosophischen Sinne, besaßen doch nur die Deutschen! So formulierten es Professoren und Bildungsbürger am Beginn des Ersten Weltkriegs und setzten die deutschen «Ideen von 1914» gegen die westlichen «Ideen von 1789», denen sie sich haushoch überlegen fühlten. Solches Sonderbewusstsein im Bürgertum und anderen Eliten machte der Weimarer Republik das Leben schwer und speiste die Unterstützung für den Nationalsozialismus.

Hinter den Ideen standen auch handfeste soziale Strukturen und Machtverhältnisse, die als Demokratieblockierer wirkten. Die bürgerliche Revolution von 1848 war gescheitert; statt Einheit in Freiheit gab es zwanzig Jahre später Einheit durch «Blut und Eisen», wie Reichskanzler Otto von Bismarck (1815–1898) es genannt hatte, also durch preußische Kriege; von oben verordnet statt von unten erstritten. Das vergleichsweise rückständige, ländlich-adlig dominierte, konservativ und militärisch geprägte Preußen verdrängte die mehr liberalen, städtischen, zivilen Traditionen im Westen Deutschlands. Zwar stand das Kaiserreich um 1900 in Industrie, Wissenschaft und Verwaltungseffizienz an der Weltspitze, aber Freiheit und Demokratie hielten nicht Schritt und hinkten den westlichen Nationen immer offensichtlicher hinterher. Diesen «deutschen Sonderweg» beklagten Sozialwissenschaftler und Historiker in der alten Bundesrepublik, zum Beispiel Ralf Dahrendorf und Hans-Ulrich Wehler, als ein strukturelles Demokratiedefizit und tiefere Ursache für den 30. Januar 1933. Umso drängender war der Impuls, die Lücke zu schließen und den Staat des Grundgesetzes, vor allem aber die Mentalität der Bevölkerung an den Standard der westlichen Alliierten heranzuführen.

Inzwischen ist dieses Bild vielfach modifiziert, sogar grundsätzlich in Frage gestellt worden. «Der» Westen lässt sich nicht über einen Kamm scheren, und auf seine demokratischen Traditionen passt kein Heiligenschein: Wie konservativ war England und wie zögernd die Ausweitung des Wahlrechts dort; wie brutal und politisch exklusiv war der Rassismus in den USA? Umgekehrt verfügte Deutschland um 1900 über starke demokratische Kräfte, zum Beispiel in der Arbeiterbewegung, in den Großstädten, in einer kritischen Öffentlichkeit. Aber ohne Kenntnis des «deutschen Problems» kann man auch in Zukunft nicht über Demokratie in Deutschland sprechen. Man versteht sonst wichtige Debatten nicht, und nicht wichtige Bücher wie Heinrich August Winklers «Der lange Weg nach Westen». Und wenn die Deutschen in einer Krise mal wieder schnell und grundsätzlich an der Demokratie zweifeln, wo Amerikaner oder Briten oder Schweizer gelassener bleiben, kann das immer noch in alten Traditionen wurzeln.

41. 1848: Demokratische Revolution oder Scheitern deutscher Demokratie? Der Anstoß kam von außen: Im Februar 1848 explodierte Paris wieder einmal in einer Revolution, die Julimonarchie von 1830 wurde gestürzt. Innerhalb weniger Tage sprang der Funke nach Deutschland über, zunächst über den Rhein nach Mannheim und Heidelberg, aber schon am 18. März gab es blutige Barrikadenkämpfe in Berlin. Das deutschsprachige Mitteleuropa war ein Zentrum der großen Revolutionswelle, die 1848/49 weite Teile des Kontinents erfasste.

Was Demokratie sein sollte, blieb während der Revolution in der Schwebe. Man spricht zwar gelegentlich von der «bürgerlich-demokratischen Revolution», aber die Bürger, die Besitzbürger ebenso wie der größte Teil des Bildungsbürgertums im Staatsdienst, hätten sich damals nicht als demokratisch bezeichnet, sondern als «liberal» oder «konstitutionell», auch als «national» im Sinne einer Alternative zu den politisch engherzigen Einzelstaaten. Liberale setzten sich für Grundrechte und persönliche Freiheiten ein, für eine Verfassung in Preußen und Österreich, für einen liberal ausgestalteten deutschen Nationalstaat, also das Projekt der Mehrheit in der Frankfurter Paulskirche seit Mai 1848. Unter den Demokraten, die damals schon so hießen, waren viele unabhängige Akademiker wie Rechtsanwälte und Journalisten, aber auch kleine Gewerbetreibende und Handwerksgesellen, die den Druck der beginnenden Industrialisierung spürten. Oft nannten sie sich «Radikale», gerne auch die «Ganzen», in spöttischer Abgrenzung von den für sie nur halbherzigen Liberalen.

Doch demokratisch war die Revolution zugleich in einem weiteren Sinne: als Mobilisierung breiter Bevölkerungsschichten, als Schub für die Entwicklung von Verfassungen und Grundrechten, als eine wichtige Etappe für die Selbstorganisation der Gesellschaft. In der ersten Phase, im Frühjahr 1848, protestierten auch Bauern auf dem Lande gegen Unterdrückung und Abhängigkeit von ihren Grundherren: Die Revolution markiert das endgültige Ende der feudalen Gesellschaft in Deutschland. Es ging nicht nur um das große Ziel des liberalen Nationalstaats, sondern um Mitsprache und demokratische Legitimation an der Basis. Gleichgesinnte schlossen sich in politischen Vereinen zusammen, und anders als im Vormärz musste man sie jetzt nicht mehr als Gesangverein oder Lesegesellschaft tarnen. Heute spricht man von einer «Zivilgesellschaft» (siehe 53) – wenn man ihre Anfänge in Deutschland auf ein bestimmtes Jahr festlegen müsste, wäre es 1848.

Blickt man hingegen auf das Ergebnis und die langfristigen Wirkungen, bleibt von der demokratischen Revolution wenig übrig. Nach der Rückeroberung Wiens durch kaiserliche Truppen wurde Robert Blum, ein führender Demokrat und Abgeordneter der Nationalversammlung, am 9. November 1848 standrechtlich erschossen. Der preußische König Friedrich Wilhelm IV. bestätigte später: «Gegen Demokraten helfen nur Soldaten». Die ihm vom Paulskirchenparlament angetragene Würde des Kaisers eines liberalen deutschen Verfassungsstaates lehnte er im April 1849 verächtlich ab. Viele Demokraten verließen Deutschland vorübergehend oder, mit dem Ziel der USA wie der badische Rechtsanwalt und Revolutionsführer Friedrich Hecker, für immer. Bundespräsident Gustav Heinemann (1899–1976) sorgte für Irritationen, als er Anfang der 1970er Jahre an Demokratie und Radikalismus von 1848/49 erinnerte – durfte man zur Zeit der Studentenbewegung und ihrer revolutionären Rhetorik den Ungehorsam so ausdrücklich würdigen? Die Erinnerung bleibt oft regional begrenzt. Eine Robert-Blum-Straße gibt es hauptsächlich in ostdeutschen Städten, weil die DDR die Revolution von 1848 in ihre marxistisch-leninistische Geschichtsdeutung einfügte. Friedrich-Hecker-Straßen begegnen kaum außerhalb Badens. So scheitert die Revolution bis heute.

42. War das Kaiserreich ein militaristischer Untertanenstaat? Das Deutsche Kaiserreich, 1871 im deutsch-französischen Krieg begründet, ist mit der Niederlage im Ersten Weltkrieg 1918 untergegangen, vor fast hundert Jahren. In gründerzeitlichen und wilhelminischen Altbauten oder im Verlauf von Bahnstrecken ist es bis heute präsent, aber auch als eine umstrittene Erinnerungsschicht deutscher Demokratie. Die von vielen ersehnte Einigung Deutschlands (aber ohne Österreich) erfolgte als Gegenprojekt zur gescheiterten Revolution, als Fürstenbündnis «von oben» statt als liberal-demokratische Bewegung «von unten». Drei Kriege trieben die Einigung und Staatsgründung seit 1864 voran, und diese Geburtsumstände nährten einen Kult des Militärischen und seiner Vorherrschaft über das zivile Leben. Als (inoffizieller) Nationalfeiertag diente nicht ein Verfassungstag, sondern der «Sedantag», also die Erinnerung an eine entscheidende Schlacht gegen die Franzosen am 2. September 1870. In der Person Bismarcks, eines preußischen Junkers (also adligen Großgrundbesitzers), verkörperte sich die Vorherrschaft des monarchistischen Adels über das liberale Bürgertum und die Dominanz des ländlich-konservativen Preußens über die weltoffenere Gesinnung in den städtischen Regionen des Westens und Südens. Die schon den Zeitgenossen häufig kritisierte Mentalität der Unterwürfigkeit und steifen Hierarchie hat Heinrich Mann in seinem Roman «Der Untertan» (1914/18) in der Figur des Diederich Heßling wirkungsvoll karikiert: ein blasser Mensch, ein vermeintlich unpolitischer Charakter, der nach oben buckelt und nach unten tritt.

Aber dieses Bild einer dezidiert antidemokratischen Gesellschaft ist nicht die ganze Wahrheit. Das Kaiserreich war ein Verfassungsstaat – keine Demokratie! Doch die Verfassung stand nicht nur auf dem Papier, sondern wurde respektiert. Man übte sich in rechtsstaatlichen Normen und parlamentarischen Verfahren. Auf Gesetze konnte man sich berufen, und sein Recht als Bürger auch vor Verwaltungsgerichten einklagen. Mit dem Kalkül, durch die Masse ländlicher Wähler eine konservative Dominanz zu gewährleisten, hatte Bismarck das allgemeine und gleiche Männerwahlrecht für den Reichstag, das nationale Parlament, durchgesetzt. Ein moderneres Wahlrecht gab es damals kaum irgendwo auf der Welt. Überhaupt der Reichstag, der 1894 seinen prächtigen Neubau bezog: Er konnte zwar nicht mit seiner Mehrheit den Kanzler wählen und die Regierung bestimmen, entwickelte sich aber zur selbstbewussten Bühne politi-

scher Streitkultur und Opposition gegen die Regierung, deren wort-
gewaltige Sprecher der Liberale Eugen Richter, der Zentrumspoli-
tiker Ludwig Windthorst und der SPD-Vorsitzende August Bebel
waren.

Doch im frühen 20. Jahrhundert und endgültig während des
Ersten Weltkriegs geriet das Kaiserreich in eine Sackgasse. Reforme-
rische Entwicklung, so etwas wie ein englischer Weg zur Demokratie,
ist schwer vorstellbar. Eine Verfassungsreform kam 1918 viel zu spät.
Inzwischen bedrängt uns die Frage nach der Demokratie im Kaiserreich nicht mehr so wie noch vor einer Generation. Aber von deut-
schem Untertanengeist und Obrigkeitsgesinnung ist bis heute öfters
die Rede, und überhaupt bleiben Kultur und Selbstdeutung der
deutschen Demokratie ohne Kenntnis des Kaiserreichs kaum verständlich. Seine Ambivalenzen zwischen Rechtsstaatlichkeit und
Autoritarismus, zwischen einer zunehmend freieren Gesellschaft
und unfreier Politik finden sich woanders auch heute – ein historisches Fallbeispiel für die Gegenwart also.

**43. War die Weimarer Republik eine Demokratie ohne Demokra-
ten?** Mit der Niederlage im Ersten Weltkrieg und einer Revolution
im November 1918 ging das 1871 gegründete Deutsche Kaiserreich
zu Ende. Kaiser Wilhelm II., die Könige und Fürsten verließen ihre
Throne: Aus der Monarchie wurde eine deutsche Republik, und wurden republikanische Länder oder «Freistaaten» wie Preußen oder
Bayern. Trotz heftiger Konflikte und eines Drängens der radikalen
Linken auf das Rätesystem oder eine weitergehende sozialistische
Revolution nach dem Vorbild der russischen vom Oktober 1917 war
bald klar: Diese Republik sollte parlamentarisch-demokratisch verfasst sein. Wegen der Unruhen in der Hauptstadt Berlin zogen sich
die Abgeordneten zur Verfassungsberatung in das ruhigere Weimar
zurück: mit dem Ergebnis der Weimarer Reichsverfassung, die am
14. August 1919 verkündet wurde. Der Ort übertrug sich auf das
politische System und die kurze Epoche deutscher Geschichte, die
mit dem 30. Januar 1933 endete: die Weimarer Republik.

Die Gründe für die Instabilität und das Scheitern der ersten deutschen Demokratie beschäftigen Wissenschaft und Öffentlichkeit bis
heute. Die Nachkriegsordnung des Versailler Vertrages und die Welt-
wirtschaftskrise seit dem Börsencrash vom 24. Oktober 1929 spielten
ihre Rolle, waren aber nicht ausschlaggebend. Die Demokratie, wie

sie in der Verfassung stand und in Institutionen wie dem Reichstag praktiziert wurde, erhielt nicht genügend Unterstützung von der Bevölkerung. Anstatt sich allmählich mit der Demokratie anzufreunden, wandten sich immer mehr Menschen von ihr und von den demokratischen Parteien ab. Bei den Wahlen zur verfassunggebenden Nationalversammlung im Januar 1919 erhielten die republiktreuen Parteien der «Weimarer Koalition», nämlich SPD, katholisches Zentrum und linksliberale DDP, zusammen mehr als drei Viertel der Stimmen. Bei den Reichstagswahlen vom September 1930, als die NSDAP auf gut 18 Prozent hochschnellte, war dieser Anteil auf eine Minderheit von gut 43 Prozent geschrumpft. Gerade im Bürgertum und unter den Eliten trauerten viele dem Kaiserreich nach oder schwenkten auf die neue Sehnsucht nach einem Führer um. Man war bestenfalls, wie es der Berliner Historiker Friedrich Meinecke (1862–1954) Ende 1918 für sich selber beschrieb, «Herzensmonarchist» und «Vernunftrepublikaner» ohne demokratische Leidenschaft.

Früher hat man entscheidende Schwächen in der Verfassungsordnung gesehen: ein zu starker, vom Volk direkt gewählter Präsident; das Notverordnungsrecht; die allzu leichte Auflösung des Reichstags. Heute wird die Weimarer Reichsverfassung überwiegend als eine sehr gute demokratische Verfassung bewertet. Also war das Problem erst recht die fehlende Unterstützung, der Mangel an Demokraten? Auch das stimmt nur teilweise, denn die neuere Forschung unterstreicht die Chancen und Stärken demokratischer Ideen und demokratischen Denkens in den 1920er Jahren. Es gab nicht nur, wie von dem Politologen Kurt Sontheimer (1928–2005) in einem Klassiker 1962 beschrieben, «Antidemokratisches Denken in der Weimarer Republik». Die erste deutsche Demokratie ist eher an der Stärke ihrer Gegner als an der Schwäche oder dem Fehlen ihrer Unterstützer gescheitert.

Das Scheitern von Weimar ist, über Deutschland hinaus, nicht bloß ein historisches Thema. Es gilt als Muster für Verfall und Zerstörung einer Demokratie. In den ersten Jahrzehnten der Bundesrepublik beschäftigten sich die Westdeutschen, durchaus verständlich, nahezu obsessiv mit der Frage, ob Bonn Weimar sei, ob das also wieder passieren könne. Eine Schlussfolgerung war, dass Demokratie sich gegen ihre Gegner wehren müsse, statt geduldig und in falscher Toleranz zur Schlachtbank zu gehen: eine «wehrhafte Demokratie» also. Und bis heute bleibt ein ausgeprägtes Bewusstsein dafür, dass Demokratie nicht nur auf Institutionen und Verfassungsordnung beruht, sondern eine demokratische Mentalität, vielleicht sogar demokratische Leidenschaft verlangt.

44. Aber die Nationalsozialisten haben sich doch auch auf das Volk berufen? In Deutschland hat das «Volk» seit dem Dritten Reich einen unbehaglichen Beiklang, obwohl es doch der Souverän einer freien Herrschafts- und Lebensordnung sein soll (siehe 12). Am Westportal des Reichstagsgebäudes in Berlin steht seit 1916 eine Widmung des nationalen Parlaments: «Dem deutschen Volke». Der Künstler Hans Haacke setzte dieser, wie er fand, historisch belasteten Inschrift im Jahr 2000 seine Projektinstallation «Der Bevölkerung» entgegen, denn das «deutsche Volk» klingt erst recht nach Nazis und verfehlt die Realität einer Migrationsgesellschaft. Aber so weicht man den Schwierigkeiten nur aus und schafft sich neue. Der demokratische und parlamentarische Begriff des Volkes zielt auf politische Selbstkonstituierung und politische Mündigkeit. Die Bevölkerung ist entpolitisiert, eine reine demographisch-statistische Größe. Das Wegstreichen des nationalen Bezugs schadet bei näherem Hinsehen ebenfalls mehr, als es nützt. Genau das haben nämlich die Nazis getan, als sie den jüdischen Deutschen absprachen, noch Deutsche zu sein, ihnen die staatsbürgerlichen Rechte oder sogar die Staatsangehörigkeit entzogen. Staatsbürgerschaft schützt und integriert: Auch Einwanderer aus Nordafrika sind Franzosen, auch die Nachkommen der Sklaven sind Amerikaner, und wo ihnen das bestritten wird, berufen sie sich selbstbewusst auf die Zugehörigkeit zum nationalen politischen Volk.

Trotzdem hatte Haacke recht, unser Unbehagen liegt nicht falsch. Die Nazis haben den Begriff des Volkes demokratisch entleert, entpolitisiert und zu einer Kategorie der «rassischen», vermeintlich blutsmäßig-biologischen Zugehörigkeit umgedeutet. Und sie mussten das nicht ganz neu erfinden, weil völkische Ideologien und Rassismus sich seit dem späten 19. Jahrhundert dahin vorgearbeitet hatten. Auch in der Arbeiterbewegung redete man viel und emphatisch vom Volk, in der Weimarer Republik sogar von der «Volksgemeinschaft». Bertolt Brechts (1898–1956) berühmter Satz «Das Volk ist nicht tümlich» grenzte diese Tradition von den Ideologien der radikalen Rechten ab. Während in der politischen Sprache der 1950er Jahre weiterhin ganz selbstverständlich vom «deutschen Volk» die Rede war, setzten sich seit den 1970er Jahren allmählich die «Bürger (und Bürgerinnen) der Bundesrepublik» durch. Das markiert nicht nur einen rhetorischen Wandel, sondern den Übergang von einer kollektiven zu einer individuellen Begründung von Demokratie und Souveränität.

Manche Intellektuelle wie der Staatsrechtler Carl Schmitt versuchten tatsächlich zeitweise, den Führerstaat als wahre Demokratie zu rechtfertigen. Hier komme der Wille des Volkes unmittelbar und durch den Führer zum Ausdruck, unbehelligt von den lästigen liberalen Institutionen des Parlaments oder der Grundrechte. Das zeigt bis heute, wie gefährlich es ist, einen Keil zwischen Demokratie und Liberalismus zu treiben (siehe 39). Von wenigen Ausnahmen abgesehen, verachteten Hitler, Goebbels und die nationalsozialistische Ideologie die Demokratie zutiefst. Ihnen lag gar nicht daran, wie späteren Diktaturen, ihr eigenes System als eine bessere oder als die «eigentliche» Demokratie zu stilisieren.

45. Warum sind Städte und Gemeinden besonders wichtig für die Demokratie? «Stadtluft macht frei», so sagt man noch heute manchmal mit einem Sprichwort. Seine Bedeutung reicht bis in das späte Mittelalter zurück, als in Mitteleuropa viele Städte gegründet wurden, in denen ein kaufmännisches und handwerkliches Bürgertum florierte und die politischen Geschicke der Stadt mitbestimmen konnte. Über eine besondere Unabhängigkeit verfügten die Reichsstädte, die keinem weltlichen oder geistlichen Territorium zugehörten, sondern unmittelbar dem Dachverband des Heiligen Römischen Reiches unterstanden.

Die Tradition der freien und der Reichsstädte verschwand in Deutschland mit dem Ende des Alten Reiches 1806 fast völlig – danach blieben noch vier freie Städte übrig: Frankfurt am Main, Hamburg, Lübeck und Bremen. Bei zweien davon, den «Stadtstaaten» Hamburg und Bremen, hat sich die Selbstständigkeit bis heute bewahrt, zusammen mit einem bürgerlich-republikanischen Selbstbewusstsein, einem Monarchen oder Fürsten nie direkt untertan gewesen zu sein. Aber während die alte Stadtfreiheit verschwand, beschworen viele liberale Bürger und sogar manche Staatsbeamte seit dem frühen 19. Jahrhundert die städtische Selbstverwaltung als einen Erprobungsraum für staatsbürgerliche Mitbestimmung, Wahlverfahren und Demokratie. Für die entschiedeneren Demokraten sollte die Stadt bewusst eine Gegenwelt der Freiheit errichten, gegen

Monarchie, Adel und Bürokratie der Fürstenstaaten, mit dem lang-fristigen Ziel, auch die Staatsverfassung republikanisch-demokra-tisch zu gestalten. Ganz praktisch war zunächst das bürgerliche Engagement in der städtischen Politik, zum Beispiel in der Kultur- und Sozialpolitik sowie in frühen Formen der Zivilgesellschaft, der freiwilligen Tätigkeit in Bildung oder Armutsbekämpfung, wo sich Frauen besonders engagierten.

Voraussetzung dafür ist bis heute eine weitgehende Autonomie der Kommunen, jedenfalls verglichen mit vielen anderen Ländern. In Frankreich ist die Demokratie ganz auf den Zentralstaat ausge-richtet; die Städte und Gemeinden sind eher staatliche Verwaltungs-bezirke. In den USA sind – für uns fast unvorstellbar – große Teile des Landes überhaupt nicht kommunal verfasst; dann ist die *County*-Ebene, vergleichbar den deutschen Landkreisen, die unterste Einheit für Verwaltung und Versorgung der Bürger ebenso wie für demokra-tische Wahlämter. Die kommunale Demokratie hat im 20. Jahrhun-dert auch deshalb in Deutschland ihr Gewicht behalten, weil man nach der NS-Diktatur in den Städten und Gemeinden sichere Funda-mente einer Freiheit sah, die sich auf der staatlichen Ebene als brü-chig erwiesen hatte.

Diese Erinnerung verblasst inzwischen, und seit den 1980er Jahren sind neben die kommunalen Organe und Verfahren, welche das repräsentative Prinzip im Kleinen abbilden, andere Formen der loka-len Demokratie getreten: Bürger- und Stadtteilinitiativen, Kampag-nen, Minderheitengruppen – die ganze Vielfalt der organisierten und spontanen Zivilgesellschaft. Aber zunehmend finden diese beiden Stränge am Beginn des 21. Jahrhunderts zusammen, zum Beispiel in Bürgerbegehren, Planungszellen oder der «lokalen Agenda 21», also einer neuen Kultur direkter Demokratie in den Städten.

46. Haben die Alliierten 1945 die Demokratie nach Deutschland gebracht? 8. Mai 1945: Das nationalsozialistische Deutschland ist im von ihm sechs Jahre zuvor entfesselten Zweiten Weltkrieg besiegt; zwölf Jahre der massenmörderischen Diktatur sind vorbei. Die alliier-ten Kriegsgegner halten das Land nach der bedingungslosen Kapitu-lation in ihren jeweiligen Zonen besetzt. Im Potsdamer Abkommen beschließen sie Anfang August 1945 Grundsätze für die politische Neuordnung, die als die «vier D» bekannt werden: Denazifizierung, Demilitarisierung, Dezentralisierung (einschließlich einer Dekartellisierung der Wirtschaft) – und Demokratisierung. Das ist der einzige der vier Begriffe, der etwas Positives bezeichnet, denn in den anderen drückt die Vorsilbe «De-» nur eine Negation der Nazi-Strukturen aus.

Aber was soll Demokratisierung heißen – und «können» die Deutschen überhaupt Demokratie? In der sowjetischen Zone übernimmt eine Gruppe von Kommunisten um Walter Ulbricht, die das Exil in Moskau verbracht hatten, die Initiative. Schließlich entsteht, unter sowjetischer Kontrolle und Vorherrschaft, am 7. Oktober 1949 die «Deutsche Demokratische Republik». Sie war nach ihrem Selbstverständnis und nach der ehrlichen Überzeugung vieler ihrer Gründer die angemessene demokratische Antwort auf den Nationalsozialismus und seine vermeintlichen Wurzeln im bürgerlichen Kapitalismus. In den Westzonen geben die Amerikaner den Ton an. Sie setzen auf eine demokratische *re-education*, auf ein Umerziehen der Deutschen zu Demokraten im westlich-liberalen Sinne. Das Spektrum ist breit: Es reicht von Filmvorführungen der KZ-Gräuel über den kontrollierten Aufbau einer demokratischen Presse bis zur langfristigen Kulturpolitik mit der Gründung von «Amerika-Häusern» in vielen westdeutschen Großstädten. Vor allem die jüngere Generation greift diese Anregungen begierig auf, während gleichzeitig Vorbehalte gegenüber der amerikanischen Kultur, ihrer vermeintlichen Oberflächlichkeit, ihrem bloß kommerziellen Charakter fortbestehen und alte Nazis in Führungspositionen bleiben oder zurückkommen. Aber auf lange Sicht erweisen sich die Westdeutschen als gelehrige Schüler, auch was den demokratischen Lebensstil und eine neue Lockerheit der Umgangsformen betrifft.

In den Institutionen, im Aufbau der neuen Staatsordnung in den 1946/47 neu verfassten Ländern ebenso wie in der Gründung der Bundesrepublik, bleibt der direkte Einfluss der Alliierten dagegen begrenzt. Das Beamtenrecht, die Sozialversicherungssysteme, der Föderalismus und vieles mehr bleiben überwiegend in der deutschen Tradition des Kaiserreichs und der Weimarer Republik. Erst recht wird das vom Parlamentarischen Rat 1948/49 erarbeitete Grundgesetz, trotz steter Kontrolle durch die Alliierten, keine Kopie der amerikanischen Verfassung. Vielmehr knüpft es an die Weimarer Reichsverfassung von 1919 an, auch an die allererste nationale Verfassung der gescheiterten Revolution von 1848/49. Ein alliiertes Oktroi ist die Demokratie der Bundesrepublik deshalb nie gewesen.

47. Was macht Deutschland zur Kanzlerdemokratie? Das politische System der Bundesrepublik wird oft als «Kanzlerdemokratie» bezeichnet. Das soll auf die besonders wichtige Stellung des Bundeskanzlers oder der Bundeskanzlerin hinweisen. Aber warum heißt der Regierungschef überhaupt Kanzler und nicht Ministerpräsident wie in den Bundesländern, oder Premierminister wie in Großbritannien? Das Wort ist lateinischen Ursprungs und wurde schon im Mittelalter für hohe Beamte in Verwaltung, Justiz und Finanzwesen verwendet, nicht nur im deutschsprachigen Raum, sondern auch in England, wo sich der *Chancellor* ebenfalls bis heute erhalten hat, aber nicht für den Regierungschef. Ein Kanzler ist so etwas wie ein oberster Büroleiter, ein Kanzleichef, der für das eigentliche Oberhaupt die täglichen Verwaltungsgeschäfte führt und verantwortet.

In der preußischen Geschichte des 19. Jahrhunderts griff man diesen schon etwas versunkenen Titel für den modernen Regierungschef wieder auf, dessen Profil sich damals herausbildete. In der Reformzeit erhielt Karl August von Hardenberg 1810 den Titel des «Staatskanzlers», mit privilegiertem Zugang zum König und Vorrang vor den Fachministern. Daran anknüpfend schuf Bismarck für sich selber bei der Gründung des Norddeutschen Bundes 1866 das Amt des Bundeskanzlers; fünf Jahre später wurde daraus, mit der Reichsgründung, der Reichskanzler. Ministerpräsident passte nicht, weil Bismarck ja schon preußischer Ministerpräsident war (und blieb). Außerdem besaß das Reich im strengen Sinne gar keine Regierung, der ein Premierminister hätte vorstehen können. Ein monarchischer, antidemokratischer Anklang war gewollt: Hier ging es nicht um den Chef einer parlamentarischen Regierung, sondern um den ersten Beamten des Kaisers und Königs.

Insofern hätte schon 1918/19 und erst recht 1948/49 manches für einen Wechsel des Begriffes gesprochen, aber die Macht der Gewohnheit war stärker. Gegen die vermeintlichen Schwächen der Weimarer Republik wollte der Parlamentarische Rat ohnehin den Regierungschef hervorheben; Ministerpräsident wäre da zu blass gewesen (und wiederum hießen die Chefs der Länderregierungen bereits so). Ganz ähnlich ist die Konstellation in Österreich. Institutionell drückt sich das bis heute in drei Richtungen aus. Erstens gegenüber dem Bundestag: Der Kanzler kann nur durch qualifizierte Mehrheit, die sogenannte «Kanzlermehrheit», gewählt und nur durch ein konstruktives Misstrauensvotum, das heißt die Wahl eines neuen Kanzlers, gestürzt

werden. Zweitens gegenüber dem Staatsoberhaupt, dem Bundespräsidenten, der im Vergleich zur Weimarer Republik mehr auf Zeremoni-
elles reduziert wurde. Kanzlerdemokratie ist insofern ein (informel-
ler) Gegenbegriff zum präsidentiellen System, etwa des Frankreichs
der Fünften Republik. – Und drittens innerhalb der Regierung. Nach
Artikel 65 des Grundgesetzes bestimmt der Bundeskanzler die «Richt-
linien der Politik». In den nächsten Sätzen wird das zugunsten der
Einzelverantwortung der Fachminister und der Gesamtverantwor-
tung des Kabinetts zwar wieder eingeschränkt, aber diese «Richtlinien-
kompetenz» ist dennoch seit Konrad Adenauer (1876–1967), dem
ersten Bundeskanzler, zu einer Art Markenzeichen geworden. Adenauer blieb 1959 lieber Kanzler, als für das Bundespräsidentenamt zu
kandidieren. Seitdem ist endgültig klar, wer die wichtigste Person im
Staate ist.

48. Warum wollte Willy Brandt «mehr Demokratie wagen»? Am
28. Oktober 1969 gab der neugewählte Bundeskanzler Willy Brandt
im Bonner Plenarsaal des Deutschen Bundestages seine Regierungs-
erklärung ab. Er stellte das Programm der Koalition aus SPD und
FDP vor, die er nach der Wahl vom 28. September schnell gebildet
hatte: die erste SPD-geführte Regierung der Bundesrepublik, mit
dem ersten sozialdemokratischen Kanzler seit dem Rücktritt Her-
mann Müllers in der Endphase der Weimarer Republik. Er sprach
von der Verständigung mit der DDR und den östlichen Nachbarn
ebenso wie von sozialpolitischen Reformen. Am auffälligsten aber
war schon für die damaligen Zuhörer die programmatische Ansage
zu Beginn der Rede: «Wir wollen mehr Demokratie wagen». Am
Schluss kam Brandt darauf noch einmal zurück: «Wir stehen nicht
am Ende unserer Demokratie, wir fangen erst richtig an.»
  Was meinte er mit «mehr» Demokratie, und weshalb erwähnte er
ihr mögliches Ende, gerade zwanzig Jahre nach dem Inkrafttreten
des Grundgesetzes? Der Wahl Brandts waren Jahre der Unruhe und
politischen Verunsicherung vorausgegangen. Funktionierte die parlamentarische Demokratie noch richtig, wenn die kleine FDP die
einzige Opposition bildete und gleichzeitig die neo-nationalsozialis-
tische NPD Erfolge feierte, zum Beispiel bei den baden-württember-
gischen Landtagswahlen? Mit den «Notstandsgesetzen», so fürchte-
ten Kritiker in der Außerparlamentarischen Opposition (APO),
werde der Weg in eine autoritäre Herrschaft legalisiert. Bei Intellektu-

ellen, Gewerkschaftern und jungen Leuten war die Sorge groß, die zweite deutsche Demokratie könnte den Weg der ersten gehen und in eine Diktatur abrutschen. Auf solche Ängste reagierte Brandts Formulierung vom Ende und Anfang. Eine ganz andere Demokratie war nicht sein Ziel; sein Wort vom «gerade erst anfangen» meinte nicht etwa, dass die Bundesrepublik in der Adenauerzeit gar keine richtige Demokratie gewesen sei. (So verstand es die CDU/CSU-Opposition und protestierte bei diesem Satz heftig.) Er wollte eine Brücke zu den Erwartungen der Studenten schlagen, sie zur verändernden Mitgestaltung aufrufen und damit zugleich von fundamentalistischem Protest abbringen. Insofern spiegelte Brandts Erklärung die Aufforderung des Studentenführers Rudi Dutschke von 1967, den «Marsch durch die Institutionen» anzutreten und so den Staat von innen zu verändern.

Aber wie sollte «mehr Demokratie» konkret aussehen? Das Volljährigkeits- und Wahlalter wurde von 21 auf 18 Jahre gesenkt, die Mitbestimmung der Arbeitnehmer in den Betrieben ausgebaut. Vor allem jedoch dachte Brandt an ein offeneres Verhältnis zwischen Bürgern und Staat. Er hielt wenig von «gespreizter Würde und hoheitsvoller Distanz», wie sie damals (nicht nur in Deutschland) zum politischen Stil gehörte. Er appellierte an «Menschen, die kritisch mitdenken, mitentscheiden und mitverantworten». Die bunte Realität neuer Demokratie seit den 1970er Jahren sah Brandt zwar nicht voraus, aber seine Formel hat die Zeiten überdauert und wird nicht zufällig in den letzten Jahren wieder öfter zitiert. Sie ist Teil der deutschen Demokratiekultur geworden. Denn sie macht klar, dass Demokratie nichts Starres ist, das man hat oder nicht hat, sondern flüssig, veränderbar und vermehrbar.

49. Warum riefen die Demonstranten in Leipzig 1989 «Wir sind das Volk»? Ende September riefen die Leipziger Montagsdemonstranten zum ersten Mal «Wir sind das Volk!». Für die friedlichen Proteste, die sich aus Friedensgebeten in der Nikolaikirche entwickelt hatten, wurde dieser Ruf in den nächsten Wochen zu einem Erkennungszeichen. Im Rückblick verdichten sich darin symbolisch der Aufbruch der Bürgerinnen und Bürger in der DDR gegen die SED-Diktatur und der Erfolg einer demokratischen Revolution in Deutschland. Anders als die Oppositionsgruppen der Bürgerrechts- und Friedensbewegung verfügten die Leipziger Demonstranten nicht über Vordenker, die an programmatischen Texten feilten, sondern handelten spontan und wurden dabei, bis zum vorläufigen Höhepunkt des 9. Oktober mit schon 70 000 Teilnehmern, jedes Mal ein bisschen mutiger. Im Gründungsaufruf des «Neuen Forums», der wichtigsten oppositionellen Gruppierung der Revolution in der DDR, war am 10. September von einem selbstbewussten «Volk» nicht die Rede. Die Initiatoren beklagten stattdessen die gestörte Kommunikation zwischen Staat und Gesellschaft. Aber viele der Gruppen, die sich in den folgenden Tagen und Wochen organisierten, rückten in ihrer Namensgebung die Forderung nach Demokratie ins Zentrum: «Demokratie Jetzt», «Demokratischer Aufbruch».

«Wir sind das Volk» klingt ein bisschen nach der feierlichen Eingangsformel der amerikanischen Verfassung: «We, the People». Aber die Situation war ganz anders. In Leipzig drückte der Ruf nicht Selbstbestätigung aus, sondern brachte eine zunächst zögerliche Behauptung gegenüber der organisierten Staatsmacht zum Ausdruck, die es in der DDR gewohnt war, sich selber für den Ausdruck des Volkswillens zu halten. Diese Staatsmacht war für die Montagsdemonstranten konkret gegenwärtig: in der Polizei – der «Volkspolizei»! – und den Stasi-Spitzeln, die man manchmal leicht erkannte, aber die sich auch als Mit-Protestierer tarnen konnten. Der Ruf «Wir sind das Volk» stiftete Gemeinschaft und gab Sicherheit, aber er brachte auch die Grundidee der demokratischen Volkssouveränität auf ebenso pointierte wie praktische Weise auf den Punkt.

Nach dem Fall der Berliner Mauer am 9. November 1989 veränderte sich der Leipziger Ruf zu dem neuen «Wir sind ein Volk». Die Hoffnung auf grundlegenden politischen Wandel und Demokratisierung überlagerte sich mit der noch diffusen Erwartung einer Vereinigung mit der Bundesrepublik. Bis heute wird darüber gestritten, ob das den revolutionär-demokratischen Zielen der Bewegung geschadet habe: Ist das Volk als bloße nationale Einheit an die Stelle des Volkes als Souverän und Störenfried getreten? Hätten sich die demokratischen Bestrebungen ohne die Magnetwirkung der Bundesrepublik anders entwickelt? Dabei dachten einige an mehr basisdemokratische Alternativen zur repräsentativen Demokratie, andere an einen «Dritten Weg» zwischen Kapitalismus und Kommunismus. Blickt man auf den Weg der mitteleuropäischen Nachbarn wie Polen und Tschechien, die sich auch ohne Patenschaft einer westlichen Halbnation für Marktwirtschaft und liberale Demokratie entschieden, ist das unwahrscheinlich. Aber es bleibt eine Narbe in der Erinnerung.

VI Demokratie in Bewegung

50. Ist Demokratie irgendwann «fertig», abgeschlossen? So ging es im späten 18. Jahrhundert, so geht es bis heute: Forderungen nach Demokratie werden laut, und man fragt nach den Bausteinen, die dazugehören: Meinungs- und Pressefreiheit, freie Wahlen, eine dem Parlament verantwortliche Regierung, unabhängige Justiz. Wenn diese Bedingungen erfüllt sind, an denen sich über mehrere hundert Jahre erstaunlich wenig geändert hat, ist das Haus der Demokratie fertig. So kann man die Geschichte der westlichen Demokratie bis weit ins 20. Jahrhundert tatsächlich lesen, denn auch die Zeitgenossen orientierten sich immer wieder an diesen Fixpunkten. «Allgemeines» Wahlrecht? Aber dann müssten ja auch die Frauen ...? Also wurde dafür gestritten, bis das Ziel erreicht war. Und es bleibt richtig zu sagen, Spanien sei in den 1980er Jahren oder Polen ein Jahrzehnt später in der Demokratie «angekommen».

Trotzdem führt die Vorstellung von der Demokratie als irgendwann fertigem Gebäude oder als einem Kochrezept mit bestimmten Zutaten in die Irre. Denn Begriff und Bedeutung von «Demokratie» waren immer umstritten. Im 19. Jahrhundert glaubten nicht wenige, sie sei mit dem allgemeinen Männerwahlrecht perfekt ausgebaut oder sogar mit der Sklaverei vereinbar. Was im Rückblick als selbstverständlich erscheint, hatten sich zunächst, wie beim Frauenwahlrecht oder der Gleichberechtigung aller «Rassen» und Hautfarben, nur wenige auf die Fahne geschrieben, die von der Mehrheit nicht selten für radikale Spinner gehalten wurden. Demokratie braucht institutionelle Fixpunkte, die über sehr lange Zeit stabil bleiben. Aber sie ist zugleich in steter Veränderung begriffen und ständig auf der Suche nach sich selber. Einen «Urmeter» der Demokratie gibt es nicht. In den etablierten westlichen Demokratien gilt das im frühen 21. Jahrhundert sogar mehr als in der Nachkriegszeit. Damals mussten, nicht nur in der Bundesrepublik, erst einmal die Grundbedingungen erfüllt und gesichert werden. Inzwischen hat sich der Schwerpunkt auf die Suche nach Neuem verlagert. Demokratie ist in Bewegung, in suchender Bewegung, denn ein «Endziel» lässt sich kaum mehr formulieren, seit die großen Ideologien und Utopien des 20. Jahrhunderts gescheitert sind.

Demokratie ist in Bewegung – das hat eine doppelte Bedeutung.

Sie ist nichts Statisches, sondern ein Prozess, der in gesellschaftlicher Aushandlung, in Debatten und Konflikten vorangetrieben wird. Dabei geht es nicht um eine grundsätzliche Alternative, sondern um innere Weiterentwicklung, um die «Demokratisierung der Demokratie» (Claus Offe). Das «vollzieht sich» nicht einfach oder wird von unsichtbarer Hand des «Weltgeistes» (Georg Wilhelm Friedrich Hegel, 1770–1831) geführt, sondern von Menschen gemacht und erstritten. Intellektuelle Vordenker mit ihren neuen Ideen sind dabei wichtig. Aber einflussreicher sind meistens soziale Bewegungen: kleinere oder größere Gruppen von Gleichgesinnten, mehr oder weniger organisiert, die bestehende Verhältnisse kritisieren, neue Ideen propagieren, auf der Straße protestieren. Ob es engagierte Frauen waren oder Arbeiter, Menschenrechtsaktivisten oder Umweltschützer: Ohne soziale Bewegungen, nur im Regelablauf ihrer staatlichen Institutionen, kann keine Demokratie dauerhaft bestehen und sich lebendig weiterentwickeln.

51. Seit wann gibt es Bürgerprotest und soziale Bewegungen?

Demonstrationen und Bürgerproteste gehören heute mehr denn je zum Alltag der Demokratie. Auch soziale Bewegungen für Frieden, Umwelt, Menschenrechte und vieles mehr sind längst vom Störfall zum Normalfall, ja zu einer demokratischen Institution geworden. In vielen europäischen Ländern, auch in der Bundesrepublik, kam der Durchbruch der «Neuen Sozialen Bewegungen», wie sie die Wissenschaft nennt, in den 1970er Jahren. Aber sie heißen deshalb «neu», weil ihre Geschichte weiter zurückreicht. Proteste, Aufruhr, Aufstände des einfachen Volkes gegen die Herrschaft von Eliten, gegen Unterdrückung und Rechtlosigkeit gab es schon im alten Rom und danach in Städten des späten Mittelalters und der frühen Neuzeit. Ein Grundmuster von Protest und sozialen Bewegungen, in dem wir uns bis heute wiedererkennen, bildete sich um die Mitte des 19. Jahrhunderts heraus: in der Arbeiterbewegung, der frühen Frauenbewegung und nicht zuletzt im Kampf gegen Sklaverei und Sklavenhandel in den US-amerikanischen Südstaaten. Die «Abolitionisten» (wörtlich: die «Abschaffer») organisierten sich außerhalb politischer Parteien, übten Druck auf Regierung und Abgeordnete aus und leisteten praktische Flüchtlingshilfe. Viele bürgerliche Frauen waren dabei, weil sie hier eine politische Arena fanden, die ihnen offiziell noch versperrt war. Wichtige Merkmale heutiger sozialer Bewegungen lassen sich daran schon erkennen: ihr ausgeprägter moralischer Antrieb, die Verbindung des Engagements von Betroffenen und Außenstehenden, auch die Verbindung von Wort und Tat; und die größere Gleichberechtigung der Geschlechter im Vergleich zur klassischen Politik.

Überhaupt lassen sich die Wurzeln von Protest und sozialen Bewegungen weniger national eingrenzen, als das für die unterschiedlichen Wege des Parlamentarismus und der politischen Parteien gilt. Die Sklaverei war ein globales Problem, Ausdruck und Folge des westlichen Kolonialismus und Rassismus. Im frühen 20. Jahrhundert spielten antikoloniale Proteste eine wichtige Rolle im Kampf um Freiheit und Gleichheit, aber auch für die Erprobung neuer Formen des politischen Handelns. Der indische Rechtsanwalt Mohandas Gandhi (1869–1948) protestierte seit 1893 in Südafrika gegen die Benachteiligung seiner Landsleute durch die weißen Engländer und Buren, später gegen den Rassismus überhaupt. Seine Techniken des gewaltlosen Widerstands und zivilen Ungehorsams, zum Beispiel beim berühmten «Salzmarsch» im März 1930, verliehen der indischen Unabhängigkeitsbewegung sichtbaren Nachdruck und moralische Stärke. In den 1950er Jahren übernahm die amerikanische Bürgerrechtsbewegung um den Baptistenpfarrer Martin Luther King, Jr. (1929–1968) Aktionsformen wie den Boykott oder den Schweigemarsch, die dann wiederum von der Studentenbewegung aufgegriffen wurden. So zeigt die Geschichte von Protest und sozialen Bewegungen, dass auch die «westliche» Demokratie Wurzeln außerhalb des Westens hat (siehe 77).

52. Welche Demokratie wollten die 68er?   Bilder von «1968»: Auf dem Campus von Berkeley in Kalifornien demonstrieren Studenten für *free speech*, das Grundrecht auf freie Meinungsäußerung. Rudi Dutschke marschiert unter Anti-Vietnamkriegs-Transparenten über die Straßen West-Berlins. Junge Männer und Frauen, halb nackt und mit langen Haaren, stellen provozierend den antibürgerlichen Lebensstil in ihrer Kommune zur Schau. Verzweifelte Menschen stellen sich sowjetischen Panzern in den Weg, die den «Prager Frühling» niederwalzen. Die Jahreszahl 1968 ist eine Kurzformel für ein kompliziertes Bündel von Ereignissen in Nordamerika und Westeuropa seit 1964/65, ja sogar jenseits des damaligen «Eisernen Vorhangs» wie in der Tschechoslowakei und in Polen. Der gemeinsame Nenner ist Protest der jüngeren Generation, vor allem junger Akademiker, gegen

Traditionen, gegen das «Establishment». Dahinter steht die oft utopisch übersteigerte Hoffnung auf eine bessere Zukunft von Autonomie und Selbstverwirklichung, im Persönlichen ebenso wie in der Politik. Manche 68er wollten in erster Linie ihr nonkonformes und kreatives Leben führen, andere nahmen die Politik im engsten Sinne, als Frage nach der staatlichen Ordnung, sehr ernst. Die Pariser Studenten hätten im Mai 1968 beinahe die Fünfte Republik Charles de Gaulles gestürzt; auch in der Bundesrepublik schien vielen im Umfeld des SDS, des Sozialistischen Deutschen Studentenbundes, eine sozialistische Revolution zum Greifen nahe.

Mehr und bessere Demokratie war die sichtbare oder unsichtbare Überschrift vieler Ziele und Aktivitäten der 68er. «Students for a Democratic Society» hieß die damals wichtigste Studentenorganisation in den USA. Dort ging es weniger als in Westeuropa um einen Systemwandel, sondern um grundlegende Rechte und Freiheiten des Einzelnen. Die Bürgerrechtsbewegung für die Gleichberechtigung der schwarzen Amerikaner aus den 1950er Jahren war wichtige Quelle und Vorbild auch in neuen Handlungsformen wie dem zivilen Ungehorsam und dem *Sit-in*, die dann auch in West-Berlin oder Frankfurt ausprobiert wurden. In der Bundesrepublik galt der Kampf den personellen und mentalen Nachwirkungen der NS-Diktatur, dem «Muff von tausend Jahren», der nicht nur an den Universitäten vertrieben werden sollte. Der Marxismus mit seiner Kritik der bürgerlichen Gesellschaft übte hier ebenso wie in England, Frankreich und Italien eine große Anziehungskraft aus – nicht nur als Theorie, sondern auch, heute kaum nachvollziehbar, als Vorbild kommunistischer Staaten und Diktatoren wie Mao Zedongs Volksrepublik China mit ihrer brutalen Kulturrevolution. Ob die erhoffte sozialistische Demokratie den manchmal geradezu obsessiv verhassten bürgerlichen Parlamentarismus überwinden oder nur erweitern sollte, ist heute wie damals schwer zu sagen. Viel zitierte Formeln wie die «Transformation der Demokratie», ein Buchtitel Johannes Agnolis und Peter Brückners von 1967, ließen das genauso in der Schwebe wie die einflussreichen Schriften Herbert Marcuses. Die in Deutschland mit besonderer Verve betriebene «Demokratisierung aller Lebensbereiche» erweiterte immerhin konkrete Mitspracherechte in Institutionen wie Schule und Universität.

So sind die ambitionierten politischen Ordnungsmodelle der 68er weithin gescheitert – und da, wo sie tatsächlich auf den Durchbruch zu

Freiheit und liberaler Demokratie zielten, nämlich in der Tschechoslo-wakei, gewaltsam unterdrückt worden. In einem weiteren Sinne jedoch hat «1968» die Demokratisierung von Gesellschaft und Kultur in den westlichen Staaten nachhaltig befördert. Alles wurde weniger hierar-chisch und autoritär, ganz besonders in der Bundesrepublik. Individu-alismus und Selbstbestimmung statt Mitschwimmen in kollektiven Ordnungen hieß seitdem die Devise. Die Regierungen stürzten nicht, aber reagierten mit Reformen (siehe 48). Und es wurde klar: Nicht nur die staatlichen Institutionen verkörpern Demokratie, sondern auch das Engagement und die Lebensformen der Bürgerinnen und Bürger.

53. Was ist eine Zivilgesellschaft? Seit den 1980er Jahren ist die Zivilgesellschaft zu einem Zauberwort der neuen Demokratiediskus-sion geworden. Zivil steht dabei nicht im Gegensatz zu militärisch, sondern führt auf das lateinische Wort für den Bürger zurück: *civis*. Man könnte deshalb auch bürgerliche Gesellschaft sagen, aber dieser Begriff hat seine eigenen Traditionen, gerade in Deutschland. Der Philosoph Georg Wilhelm Friedrich Hegel verstand darunter einen mittleren Bereich zwischen Familie und Staat, den er auch das «Sys-tem der Bedürfnisse» nannte – man könnte das als Erwerbswirtschaft oder kapitalistische Ökonomie übersetzen. Der neue Begriff der Zivil-gesellschaft reklamiert dagegen eine Sphäre von Bestrebungen und Organisation der Menschen, die von Staat und Markt gleichermaßen unabhängig ist. Andererseits will die Zivilgesellschaft gerade nicht so unpolitisch sein, wie die bürgerliche Gesellschaft in ihrer Entgegen-setzung zum Staat häufig stilisiert worden ist. Also könnte man Zivil-gesellschaft definieren als die zwanglose politische Selbstermächti-gung und Selbstorganisation der Gesellschaft und ihrer vielfältigen Interessen.

Die Ursprünge dieser Idee liegen nicht nur in den sozialen Bewe-gungen des Westens, sondern auch in der Opposition gegen die kom-munistische Herrschaft in Ostmitteleuropa. Intellektuelle wie Adam Michnik (geb. 1946) in Polen wehrten sich damit gegen die Allmacht des Staates und seine Entmündigung der Bürgerinnen und Bürger. Die freie gewerkschaftliche Organisation in der von Danzig ausge-henden «Solidarność» war deshalb ein wichtiger Erfolg der Zivil-gesellschaft. In Westeuropa und Nordamerika strebten zur gleichen Zeit viele Menschen nach einem direkteren Einfluss auf die Gestal-tung ihrer eigenen Lebensverhältnisse, als er durch Wahlen und reprä-

sentative Demokratie möglich war. Lokale Bürgerinitiativen, die Entscheidungen «von oben» nicht hinnehmen wollten, spielten dabei
ebenso eine wichtige Rolle wie die Entdeckung globaler Politikfelder,
zum Beispiel der Menschenrechte oder des Natur- und Umweltschut-
zes. In der Bundesrepublik bündelte die grüne Bewegung viele dieser
Strömungen und Initiativen und machte die «Basisdemokratie» zu
einem ihrer vier Leitprinzipien: «ökologisch, sozial, basisdemokratisch, gewaltfrei». Zivilgesellschaft ist seitdem ein Sammelbegriff für
die nicht formalisierten Bewegungen und Organisationen, von denen
im weitesten Sinne ein politischer Gestaltungswille ausgeht.

So hat sich in den letzten drei, vier Jahrzehnten ein erweitertes
Verständnis von Demokratie durchgesetzt, das neue und unkonven-
tionelle Formen der politischen Organisation einschließt und insgesamt auf mehr Teilhabe, mehr Partizipation zielt, als das in der reinen
repräsentativen Demokratie vorgesehen ist. Man spricht deshalb
häufig von partizipatorischer Demokratie (obwohl auch für die klassische Demokratie Partizipation zentral ist). Im besten Fall ist das
auch eine gestärkte, eine *strong democracy* (Benjamin Barber).

54. Gibt es einen Trend zur direkten Demokratie? Laut Grundgesetz wird die Staatsgewalt in Deutschland vom Volke «in Wahlen
und Abstimmungen» ausgeübt (Art. 20, Abs. 2). Wahlen zum Bundestag finden alle vier Jahre statt, dazu kommen Kommunal-, Land-
tags- und Europawahlen. Eine Volksabstimmung auf Bundesebene
hat es dagegen seit 1949 noch nicht gegeben, denn die Väter und Müt-
ter des Grundgesetzes waren ebenso wie die Alliierten skeptisch, was
die ungefilterte demokratische Klugheit des Volkes anging. Die politische Instabilität der Weimarer Republik legte das ebenso nahe wie der
propagandistische Missbrauch durch das NS-Regime, zum Beispiel in
der Volksabstimmung über die Eingliederung des Saargebietes in das
Deutsche Reich am 13. Januar 1935. So trat auch die Verfassung selber
ohne ein Referendum in Kraft, durch Beschluss des Parlamentarischen Rates und mit Genehmigung der Besatzungsmächte.

Als in den 1960er und 1970er Jahren so viel von mehr und besserer
Demokratie die Rede war, spielte die Forderung nach Volksabstim-
mungen dabei kaum eine Rolle. Erst im wiedervereinigten Deutsch-
land, seit etwa zwanzig Jahren, rückt die direkte Demokratie ins
Zentrum von Reformen der Partizipation. Der früher gebräuchliche
Begriff «plebiszitäre Demokratie» verblasst zusehends, in der Öffent-

lichkeit ebenso wie in der Wissenschaft; er klingt zu sehr nach Weimar und nationalsozialistischer Akklamation. Tatsächlich ist es ein Unterschied, ob sich die Regierung etwas vom Volk bestätigen lässt oder ob Interessen aus der Bevölkerung «von unten» auf Beteiligung und Abstimmung drängen. Insofern schwingt im heutigen Streben nach direkter Demokratie viel von dem unruhigen und aufmüpfigen Bürgergeist mit, den es vor den 1960er Jahren noch nicht gab.

Auch deshalb ist der Zug zur direkten Demokratie auf der kommunalen Ebene am stärksten, in den Ländern noch deutlich spürbar und im Bund bisher am schwächsten. Ganz überwiegend geht es um Entscheidungen in Sachfragen, in denen sich die öffentliche Meinung stark polarisiert hat und die sich in einer klaren Alternative des Ja oder Nein darstellen lassen. Das sind in Deutschland oft Fragen von Infrastruktur und Flächennutzung. So stimmten die Baden-Württemberger 2011 über das Verkehrsprojekt «Stuttgart 21» ab und die Berliner im Mai 2014 über die Bebauung des Tempelhofer Feldes. Die direkte Volkswahl von Personen erscheint dagegen weniger dringlich, hat aber wiederum auf der kommunalen Ebene, vor allem bei der Direktwahl von Bürgermeistern, an Bedeutung gewonnen. Auch politische Parteien experimentieren damit: bei der Bestimmung von Führungspersonal oder im Mitgliederentscheid über eine Regierungsbeteiligung, wie ihn die SPD im Dezember 2013, vor dem Eintritt in die Große Koalition, durchführte. In der innerparteilichen Demokratie, aber auch für Volksabstimmungen in Sachfragen sind die USA ein wichtiges Vorbild, mit ihren sehr basisnahen «Vorwahlen» (*Primaries*) und der weit ausgebauten Direktdemokratie in Staaten wie Kalifornien. Selbst das klassische Land des Parlamentarismus lässt sich neuerdings darauf ein: Die Briten stimmten 2011 über ein neues Wahlrecht ab, und die Schotten votierten am 18. September 2014 in einem Referendum gegen ihre Unabhängigkeit vom Vereinigten Königreich.

Also: Es gibt einen Trend zur direkten Demokratie, in Deutschland sogar besonders ausgeprägt, aber auch in anderen Teilen Europas. Aber eine direktdemokratische Revolution ist das nicht, und es muss sich zeigen, ob die Krise des Vertrauens in die repräsentative Demokratie damit kompensiert werden kann.

55. Sollten Demokraten möglichst alles ausdiskutieren? In der Demokratie gibt es, mit einer Anleihe aus der Kindersprache, keinen «Bestimmer». Also muss untereinander geredet, muss diskutiert werden, um andere von der eigenen Position zu überzeugen oder einen akzeptablen Kompromiss zu finden. Das findet im Parlament (einschließlich der parlamentarischen Ausschüsse) statt, aber auch in gesellschaftlichen Debattenräumen, die man seit langem als Öffentlichkeit bezeichnet und für die moderne Massenmedien – die Presse, Hörfunk und Fernsehen, zunehmend das Internet – unverzichtbar sind. Vielen Deutschen war die politische Diskussion früher lästig; der Reichstag der Weimarer Republik wurde gerne als «Schwatzbude» beschimpft. Nach 1945 entstand eine neue Lust am Diskutieren, die in den Jugendkulturen und sozialen Bewegungen seit den 1960er Jahren zusätzlichen Auftrieb erhielt. Ob es um Probleme in privaten Beziehungen und Familien oder um die engere Politik ging: Mit dem autoritären «Basta-Stil» war es vorbei; besser alles ausdiskutieren, noch eine Bürgeranhörung ansetzen oder eine Expertendebatte auf dem Podium. Entscheidungen sollen, so das neue Ideal, Ergebnis eines möglichst breiten «Diskurses» sein, also einer Diskussion, die sachlich und konstruktiv, egalitär und vernünftig geführt wird.

Der Philosoph Jürgen Habermas, einer der einflussreichsten Vordenker der Demokratie im letzten halben Jahrhundert, hat diese Alltagserfahrungen in eine umfassende Theorie eingebracht. Das Ideal des menschlichen Zusammenlebens ist für ihn, egal ob im Privaten oder in der Politik, ein möglichst «herrschaftsfreier Diskurs». Da wir nun einmal nicht allein leben, müssen wir uns mit den anderen verständigen. Das sollten wir möglichst frei von Macht- und Herrschaftsstrukturen tun, sei es der patriarchalen Autorität oder dem Einfluss von Konzernen. Dabei drohen oder fluchen wir möglichst nicht, sondern benutzen rationale, dem Gegenüber einsichtige Argumente. Wenn wir lange und gründlich genug diskutieren, werden wir einen vernünftigen Konsens finden. So entsteht, was Habermas eine «deliberative Demokratie» nennt, eine Demokratie des Beratens und Diskutierens. Demokratie erscheint dann geradezu als Regierungsform des vernünftigen Umgangs von Menschen miteinander.

Dieses Modell hat viel Kritik auf sich gezogen. Ist das Bild nicht zu harmonisch; ist Politik nicht gerade eine Sphäre von Kampf und Konflikt, in der unvereinbare Positionen aufeinanderprallen? Gibt es die eine, vernünftige Lösung in der Asyldebatte, für das Schulsystem oder im Streit um eine neue Straße? Kommt es in der Politik nicht letztlich auf die Entscheidung an, die am besten nach der Mehrheitsregel fällt, anstatt alle unter einen Hut bringen zu wollen? Und schließlich: Kann und soll es immer nur vernünftig zugehen; haben nicht auch Leidenschaften und Emotionen in der Demokratie ihren Platz? Dennoch leistet die Theorie von Habermas zweierlei. Sie bringt wichtige Veränderungen in demokratischer Kultur und Praxis der letzten Jahrzehnte auf den Punkt, denn Diskussion, Beratung, Deliberation sind zweifellos wichtiger für den politischen Prozess geworden. Und sie nimmt ein Ideal des politischen Zusammenlebens ins Visier, das zu verfolgen sich trotz der zahlreichen Einwände immer wieder lohnt.

56. Was ist anwaltschaftliche Demokratie? Rechtsanwälte und andere Juristen spielen wichtige Rollen in der Demokratie, in Justiz, Parlamenten und Verwaltung. Mit dem etwas umständlichen Ausdruck «anwaltschaftliche Demokratie» ist aber etwas anderes gemeint: nämlich Bürgerinnen und Bürger, die sich nicht für ihre eigenen Interessen einsetzen, sondern für die Rechte und Interessen anderer, so wie ein Anwalt seinen Mandanten vertritt. Seit dem letzten Viertel des 20. Jahrhunderts ist das zu einem typischen Muster der neuen Demokratie geworden, im globalen Maßstab. Nicht für eine eigene Lohnerhöhung geht man auf die Straße, sondern für politische Gefangene in anderen Ländern. Nicht diejenige Partei bekommt am Wahltag die Stimme, die einem niedrigere Steuern verspricht oder eine höhere Rente, sondern eine andere, die sich für Umwelt- und Artenschutz einsetzt.

Die Grundidee der liberalen Demokratietheorie war anders. Nach ihr konstituierte sich der Wille des Volkes im Konflikt der Eigeninteressen unterschiedlicher sozialer Gruppen. Bauern und Handwerker, Fabrikanten und Industriearbeiter – alle machten aus ihrer Interessenlage heraus Politik, um im Wettstreit das Beste für sich herauszuholen. Eigeninteressen – Pluralismus – Mehrheitsfindung: Auf diesem Dreiklang beruhte das liberale Demokratiemodell. Die Wirklichkeit entsprach dem nie perfekt, aber bis in die Nachkriegszeit doch ganz erheblich, zum Beispiel mit dem großen Gewicht von Gewerkschaften und Industrieverbänden.

Eigene Interessen zu verfolgen bleibt legitim und notwendig. Arbeiter streiten für mehr Lohn und die Älteren wollen eine höhere Rente. Aber das zunehmende Eintreten für andere ist eine der wichtigsten neueren Entwicklungen der Demokratie. Sie spiegelt sich in neuen Organisationsformen: Interessenverbände treten in den Hintergrund; anwaltschaftliche Gruppen gewinnen an Attraktivität, gerade bei jüngeren Leuten, und finden Aufmerksamkeit in den globalen Medien. Amnesty International und Greenpeace sind prominente Beispiele. Auch in Deutschland spricht man dann oft von NGOs, das heißt Nichtregierungsorganisationen. Auf Englisch sagt man häufig *advocacy group*, aber «anwaltliche Gruppe» hat sich im Deutschen bisher nicht durchgesetzt.

Ziele und Motive des Engagements sind vielfältig. Es geht um den Einsatz für andere Menschen, die sich selber nicht wirkungsvoll artikulieren können oder in der Öffentlichkeit kein Gehör finden. Das können Schwache in der eigenen Gesellschaft sein, aber besonders charakteristisch für die anwaltschaftliche Demokratie ist das Eintreten für den «fernen Nächsten»: Menschen in anderen Ländern und Erdteilen, nicht zuletzt in Entwicklungsländern, in Diktaturen. Es kann auch eine zeitliche Richtung haben, in die Zukunft: Das ist das Eintreten für die «kommenden Generationen», das im Zeichen der Nachhaltigkeit und des demographischen Wandels eine immer größere Rolle spielt. Dazu kommt ein Engagement für die nichtmenschliche (und deshalb erst recht nicht sprachfähige) Umwelt: für die Natur, für die «Bewahrung der Schöpfung», für das Überlebensrecht von Tieren und Pflanzen. So kann man die anwaltschaftliche Demokratie auch unter ethischen Gesichtspunkten als eine wichtige Errungenschaft betrachten. Aber ein moralischer Überlegenheitsanspruch lässt sich daraus nicht ableiten.

57. Kann man beim Einkaufen etwas für die Demokratie tun?

Was hat das eine mit dem anderen zu tun? Eher könnte man von einem Gegensatz sprechen. Denn seit den Anfängen der modernen Konsumgesellschaft vor hundert Jahren ist immer wieder kritisiert worden, dass die Verlockungen der schönen Warenwelt die Menschen berauschen und verführen, dass sie uns, ähnlich wie die Massenmedien, manipulieren und entpolitisieren: Shopping wird wichtiger als bürgerschaftliches Engagement und der Gang zur Wahlurne; die schier grenzenlose Konsumfreiheit lässt politische Unfreiheit vergessen. Das ist eine Gefahr in westlichen Gesellschaften und zunehmend in Schwellenländern wie China, wo ein neues Verhältnis von Wohlstand, persönlicher und politischer Freiheit noch gefunden werden muss.

Zugleich ist die Welt des Konsums auf vielfältige Weise zu einer politischen Sphäre geworden. Das liegt zunächst am Übergang von der industriellen Produktionswirtschaft zur nachindustriellen Dienstleistungs- und Konsumökonomie im späten 20. Jahrhundert. Am Arbeitsplatz wurde, mit Hilfe der Gewerkschaften, nicht nur um Löhne und Pausen gestritten, sondern um größere Fragen der politischen Beteiligung und des Selbstverständnisses von Demokratie. Inzwischen nehmen Freizeit und Konsum mehr Zeit in Anspruch und werden zur Bühne für Konflikte. Der private Konsum nimmt politische Dimensionen an. Wenn in der Mitte des 19. Jahrhunderts elende Arbeitsbedingungen in der Fabrik Anlass erregter Debatten waren, ist es heute eher die Qualität von Lebensmitteln oder die ethische Fragwürdigkeit ihrer Herkunft, ihrer Erzeugung. Wir kaufen «Bio»-Lebensmittel auch dann, wenn sie etwas teurer sind; wir entscheiden uns trotz des höheren Preises für den «fair gehandelten» Kaffee, der den Bauern in Afrika mehr einbringt und eine selbstständige Lebensführung ermöglicht. Millionen solcher Entscheidungen haben politische Konsequenzen. Sie wirken zwar nicht unmittelbar wie eine Wahlentscheidung, aber indirekt können sie Machtverhältnisse verändern.

Aber im Supermarkt werden nicht nur unmittelbar Fragen des Konsums verhandelt. Die Ladentheke dient häufig auch als Hebel zur Durchsetzung ganz anderer politischer Forderungen. Als schwarze Studenten im amerikanischen Greensboro sich am 1. Februar 1960 auf «weiße» Plätze setzten und gegen die Gesetze der Rassentrennung verlangten, mit Essen und Getränken bedient zu werden, erweiterten sie das Aktionsspektrum nicht nur der Bürgerrechtsbewegung, sondern der modernen zivilgesellschaftlichen Demokratie. Besonders wirkungsvoll kann ein Konsumboykott sein: Keine Äpfel aus Südafrika kaufen, hieß es in der Zeit des Apartheidregimes. Oder die Konsumenten machen einen Bogen um Tankstellen, um den Mineralölkonzern für Umweltverschmutzung zu bestrafen. In solchen Fällen zeigt sich häufig, wie flüchtig die Konsumentenmacht ist. Ein Boykott verläuft schnell im Sande, weil Bequemlichkeit über Prinzipien siegt. Und während Produzenten, wie im Falle der Bauernpartei oder der Industriegewerkschaft, straff organisierbar waren, wird Konsumentenpolitik eher informell, bestenfalls von Bürgerinitiativen oder von NGOs wie Greenpeace oder Attac, gesteuert, und zunehmend von den digitalen sozialen Medien.

VII Demokratie – was sonst?

58. Ist Demokratie die schlechteste aller Regierungsformen? Das meinte jedenfalls der britische Premierminister Winston Churchill, als er im November 1947 mit einer gehörigen Portion Ironie vor dem Unterhaus feststellte, Demokratie sei die schlechteste Regierungsform – «mit Ausnahme aller anderen Formen, die von Zeit zu Zeit ausprobiert worden sind». Churchill wollte davor warnen, die Erwartungen an die Demokratie zu hoch zu schrauben, so hoch, dass man am Ende nur enttäuscht wäre und sein politisches Heil außerhalb der Demokratie suchen würde. Eine solche pragmatische Position passt gut zur angelsächsischen Mentalität und bringt außerdem jene Grundskepsis gegenüber Staat und Regierung zum Ausdruck, die Briten und US-Amerikaner häufig von Kontinentaleuropäern unterscheidet: Auch in demokratischer Gestalt sind Staat und Regierung eher ein notwendiges Übel; mindestens so sehr Störfaktor wie Voraussetzung eines freien und guten Lebens. «That government is best which governs least», formulierte Henry David Thoreau, der radikale Freigeist aus Massachusetts, 1849 in seinem Essay über den zivilen Ungehorsam.

Vor allem aber passte Churchills Diktum zur Situation unmittelbar nach dem Zweiten Weltkrieg, im Schatten von Nationalsozialismus und Stalinismus. Für die immer wieder ausprobierten anderen Regierungsformen musste man nicht in andere Kontinente oder in ferne Zeiten schweifen. In ganz Europa, sogar in den USA war am Anfang des 20. Jahrhunderts Hohn und Spott über die liberale Demokratie ausgegossen worden. Viele triumphierten und manche befürchteten, die Demokratie erweise sich als eine Sackgasse der modernen Geschichte. Alternativen der radikalen Rechten und der radikalen Linken wurden mit unerschütterlicher Gewissheit vorgetragen, als könnten der Führerstaat oder der Bolschewismus die perfekte Gesellschaft und Staatsordnung errichten. Die Demokratie sollte sich deshalb von diesem utopischen Überschuss freimachen und kleinere Brötchen backen als die großen Ideologien. Sozialwissenschaftler wie Joseph A. Schumpeter vertraten zur selben Zeit ein ähnliches, minimalistisches Verständnis von Demokratie. Das entsprach dem Klima der 1950er Jahre, als – nicht zuletzt in der Bundesrepublik – die Stabilität von Institutionen im Vordergrund stand. Erst im folgenden Jahrzehnt brachen sich weitergehende Erwartungen an die Demokratie wieder Bahn. Aber bis heute ist die Skepsis Churchills eine häufig zitierte Mahnung, die Demokratie trotz ihrer Fehler und Schwächen dennoch als das vergleichsweise «kleinere Übel» wertzuschätzen.

59. Kann es in einer Demokratie einen König geben? Oder eine Monarchin wie Elisabeth II., die seit mehr als sechs Jahrzehnten das Vereinigte Königreich regiert? Ursprünglich verhielten sich Monarchie und Demokratie wie Feuer und Wasser zueinander. Im 18. und 19. Jahrhundert kämpften frühe Demokraten für Rechte und Mitsprache des Volkes gegen die Monarchie und die sie stützende Adelsgesellschaft. Der fürstliche Absolutismus, wie er in dem Ausspruch Ludwigs XIV. zum Ausdruck kam: «Der Staat bin ich», verstärkte diese Aversion noch. Im Wiener Kongress von 1815 versuchten sich die europäischen Monarchien mit der Bekräftigung von dynastischem Prinzip und Gottesgnadentum gegen aufrührerische Demokraten zu schützen. Am Ende des 19. Jahrhunderts kam der imperiale Gedanke zu neuer Blüte – mit Großbritannien als gewisser Ausnahme hat das, ob im Deutschen, Russischen oder Osmanischen Reich, die Demokratisierung nicht gerade befördert.

Aber ebenfalls schon im 19. Jahrhundert schliff sich der Gegensatz ab. Als unvereinbarer Gegenbegriff zur Monarchie galt immer mehr die «Republik» oder der «Freistaat», wie man in Deutschland sagte. Demokratische Regierungsformen, freie Wahlen und rechtsstaatliche Sicherung ließen sich auch in Monarchien schrittweise ausbauen, wenn das Königtum sich zunehmend auf moderierende oder repräsentative Funktionen zurückzog. So konnte sich seit 1849 in Deutschland ein gemäßigter Teil der Demokraten – nicht die radikaleren Republikaner – einen vom Volk beauftragten Kaiser als Staatsoberhaupt vorstellen. Wo tiefe Erschütterungen durch Revolutionen oder Diktaturen fehlten, wie in England seit 1689, konnte die Monarchie deshalb weiterbestehen, und selbst die Arbeiterbewegung, in der Demokratie und Republikanismus sich besonders eng verknüpften, begann sich damit zu arrangieren. Das gilt auch für Skandinavien einschließlich des sozialdemokratischen Musterlands Schweden. Darum ergibt sich heute das verblüffende, aber nur auf den ersten Blick paradoxe Bild, dass im Norden und Westen Europas Monarchien die politische Landkarte prägen, also in der (historisch gesehen) fortschrittlichsten Region des Kontinents. Wo man sich, wie in Mittel- und Osteuropa einschließlich Deutschlands, mit der Demokratie schwerer tat, gibt es dagegen nur Republiken. Republiken können anfälliger für autoritäre Entwicklungen sein, weil Politiker wie Putin (in Russland) oder Erdoğan (in der Türkei) sich hier leichter als Staatsoberhaupt jenseits weiterer Kontrollinstanzen etablieren können. Und in Spanien hat Juan Carlos, König noch von Diktator Francos Gnaden, nicht nur den Übergang in die Demokratie wesentlich befördert, sondern beim Putschversuch vom 23. Februar 1981 sogar den Rückfall des Landes in eine Militärdiktatur verhindert.

60. Ist die Diktatur noch eine Alternative zur Demokratie? Wie könnte man, bei allen Schwächen und Problemen der Demokratie, ihr eine Diktatur vorziehen, die Allein- und Willkürherrschaft eines einzelnen Mannes? Eine Herrschaft der Unfreiheit und Angst, in der Regel auch der Gewalt? Früher war das anders. Im antiken Rom sollte ein Diktator wie Sulla oder Julius Caesar mit außergewöhnlichen Machtbefugnissen, die auf Zeit verliehen wurden, die Republik aus einer Krise in die Normalität zurückführen. In der Monarchie, die vom Mittelalter bis ins 19. Jahrhundert der Normalfall europäischer Staaten war, stellte sich das Diktaturproblem nicht. Erst als die Throne gestürzt waren, traten Diktatoren wieder auf, um den vermeintlichen Schwächen von Republik und Demokratie mit ihrer starken Führung zu begegnen. Die Herrschaft Napoleon Bonapartes nach der Französischen Revolution bildet dafür ein Urmuster, obwohl Napoleon sich in monarchischer Tradition noch zum Kaiser krönen ließ.

Nach dem Ersten Weltkrieg reichte die Verunsicherung besonders tief, ob die liberale Demokratie im 20. Jahrhundert noch zukunftsfähig sei. Das ist heute schwer zu verstehen, weil die meisten europäischen Länder, auch Deutschland, ja gerade erst anfingen, ein demokratisches System zu erproben. Aber viele waren tief überzeugt, auf der Rechten wie auf der Linken, dass Liberalismus, Individualismus und Demokratie mit dem bürgerlichen 19. Jahrhundert versinken würden. Zog nicht ein neues Zeitalter der Massengesellschaft herauf, des Kollektivismus, zu dem hierarchische Ordnung und straffe Führung viel besser passten? Also war eine Diktatur die überlegene Herrschaftsform der Zukunft!

In den folgenden Jahrzehnten füllten Benito Mussolini in Italien, Josef Stalin in der Sowjetunion, Francisco Franco in Spanien, Mao Zedong in China und nicht zuletzt Adolf Hitler in Deutschland diese

Rolle aus. Was wir bis heute unter Diktatur verstehen, verbindet sich mit diesen Regimes: Einparteienstaaten und Massenorganisationen, Rechtlosigkeit und entgrenzte Gewalt, Personenkult um den vom Volk «geliebten» Führer-Diktator. Hannah Arendt (1906–1975), deutsch-amerikanische Politologin und selber als Jüdin von den Nazis vertrieben, bündelte die Elemente einer solchen modernen Diktatur im Begriff der totalitären Herrschaft. In den Nachkriegsjahrzehnten stand die junge Demokratie der Bundesrepublik im mehrfachen Schatten der Diktatur: in der Abgrenzung gegen den Nationalsozialismus und gegen die SED-Diktatur in der DDR.

Heute spielt die Diktatur als Herrschaftsform und Angstbegriff eine viel geringere Rolle. Die klaren Umrisse der Diktatur sind verwischt; statt mit den klassischen Diktatoren haben wir es mit autoritären Präsidenten oder «Machthabern» zu tun. Und wir müssen umdenken: Jedenfalls in den etablierten Demokratien des Westens geht die größte Gefahr nicht mehr von einem Abgleiten in die Diktatur aus, nicht mehr von einem neuen 30. Januar 1933. In trivialisierter Form sprechen wir von der «Diktatur der Werbung» oder der «großen Konzerne». Aber in der digitalen Welt hat sich zugleich die Realität der Freiheitsgefährdungen verschoben, auch wenn eine Google-Diktatur unendlich weit von der Herrschaft Hitlers und Stalins entfernt ist.

61. Sollten besser Fachleute und Experten die Politik bestimmen? Was, der Gesundheitsminister übernimmt jetzt das Umweltressort? Davon hat der doch gar keine Ahnung! So ähnlich reagiert die Öffentlichkeit nicht selten bei einem Regierungswechsel oder einer Kabinettsumbildung. Als der gelernte Maurer Georg Leber 1972 Verteidigungsminister wurde, zogen manche die Augenbrauen hoch, aber seine Amtsführung war erfolgreich und geachtet wie kaum zuvor und seitdem. Trotzdem gibt es die Sehnsucht, für ihr Fachgebiet möglichst kluge und kompetente Leute an die Schalthebel der Politik zu setzen – aber das scheint mit einer offenen Rekrutierung aus dem «Volk», mit den Mechanismen der Wahldemokratie und parteigeförderten Politikerkarrieren nicht vereinbar. Die Sehnsucht ist alt, und bis heute beruft man sich in dieser Streitfrage gerne auf Platon, dem eine ideale Herrschaft durch «Philosophen-Könige» vorschwebte: Die weisesten, die klügsten Männer sollten das Gemeinwesen regieren.

Im frühen 20. Jahrhundert riefen Wissenschaftler und Intellektuelle in vielen Demokratien Europas und Nordamerikas nach einer Herrschaft durch Experten. Sie glaubten, die liberale Wahldemokratie habe ihren Höhepunkt mit dem Ende des bürgerlichen 19. Jahrhunderts überschritten. Technische Neuerungen sprengten das Alltagsverständnis; die Naturwissenschaften expandierten und standen in höchstem Ansehen. Politische Entscheidungen schienen ohne Fachexpertise nicht mehr möglich zu sein. Der Ingenieur galt als Leitbild – er sollte auch Gesellschaft und Politik planmäßig entwerfen und gestalten. Das galt systemübergreifend: für den sowjetischen Stalinismus mit seiner Wissenschafts- und Technikgläubigkeit, für die autoritären und rechtsextremen Bewegungen in Deutschland bis hin zum Nationalsozialismus und für die sozialdemokratisch inspirierte Reformbewegung des *New Deal* in den USA der 1930er Jahre. In Europa aber war unübersehbar, dass der Ruf nach Expertenherrschaft autoritären Regimes und Diktaturen Vorschub leistete und einen Vorwand zur Abschaffung der Demokratie lieferte.

Schon deshalb ist nach 1945 die Skepsis gewachsen. Denn Fachleute besitzen keinen privilegierten Zugang zur Wahrheit, und schon gar nicht zu einer objektiven und wertneutralen Feststellung von Tatsachen, aus denen sich politische Entscheidungen eindeutig ableiten ließen. Ein noch so kompetenter Physiker kann nicht entscheiden, ob Risiken oder Chancen der Kernenergie überwiegen; die glänzendste Philosophin nicht vorgeben, wie wir uns zur Abtreibung oder zum menschlichen Klonen verhalten sollen. Von einer Regierung der Fachleute spricht man gelegentlich noch in Übergangs- und Krisensituationen wie beim Kabinett Mario Montis in Italien zwischen 2011 und 2013. Dann dient Expertise als eine Ersatzlegitimation, die zweifellos besser vertretbar ist, als die Nachfahren des letzten Herrscherhauses zu Hilfe zu rufen. Es geht aber nur um eine Lösung auf Zeit, bis demokratische Legitimation wieder greifen kann. Die Sehnsucht nach der guten Herrschaft durch Experten ist wohl unauslöschlich, und ein Spannungsverhältnis zwischen notwendigem Fachwissen und der Ignoranz des demokratischen «Jedermann» unbestreitbar. Aber dass autoritäre Regimes besser funktionieren, weil sie kompetente Experten an die richtigen Stellen setzen können, ist unbewiesen.

62. Was ist Rätedemokratie? Lässt sich politische Vertretung und demokratische Macht auch anders organisieren als im Parlament, der zentralen Institution der liberal-repräsentativen Demokratie? Viel-

leicht sogar besser, direkter, spontaner an den Willen der Basis zu-
rückkoppeln? Diese Frage trieb um 1900 viele um, die der parlamentarischen Demokratie keine Zukunft gaben oder sie grundsätzlich für zu eng, für sozial verzerrt im Sinne elitärer und bürgerlicher
Interessen hielten. In der Arbeiter- und Gewerkschaftsbewegung
Englands und Frankreichs kannte man verschiedene Formen von
«Räten» schon länger, aber eher als Selbsthilfeorganisationen, nicht
als Träger staatlicher Macht. Mit einem erweiterten politischen Anspruch traten sie in der ersten Russischen Revolution von 1905 ins
Leben, vor allem in St. Petersburg, der damaligen Hauptstadt des
Zarenreiches, die zugleich seine am weitesten entwickelte Industrie-
stadt war. Mit Vorläufern in verschiedenen Fabrik- und Streikkomi-
tees konstituierte sich im Oktober 1905 der Petersburger «Rat der
Arbeiterdeputierten». Der Anspruch der revolutionär-sozialisti-
schen Bewegung, in der Leo Trotzki (1879–1940) eine führende Rolle
spielte, reichte über die Stadtpolitik hinaus. Von Anfang an stand
dieser Sowjet – das heißt Rat auf Russisch – in Konkurrenz zur
Duma, dem Parlament, das die Liberalen der zaristischen Autokratie
abtrotzten.

Das Rätemodell blieb auch danach eng mit Revolutionen und
Arbeiterpolitik verknüpft. Nach der Oktoberrevolution von 1917 erhoben Lenin und die Bolschewiki die Räte zum Organisationsprinzip
ihrer sozialistischen Staatsbildung, bis hin zum «Obersten Sowjet»,
dem höchsten gesetzgebenden Organ der Sowjetunion bis 1991. Er
trat in zwei Kammern zusammen: Denn jenseits von Revolutionen,
in verstetigter Form, näherte sich das Rätemodell äußerlich dem Parlamentarismus an (und wurde zugleich zur Hülle der kommunistischen Parteidiktatur). Am Ende des Ersten Weltkriegs trieben Arbei-
ter- und Soldatenräte, ausgehend vom Kieler Matrosenaufstand, im
November 1918 die deutsche Revolution und den Übergang in die
Republik entscheidend voran, doch Mehrheits-Sozialdemokratie
und bürgerliche Parteien gaben dem parlamentarischen Modell für
die Weimarer Republik den Vorzug. In den 1960er und 1970er Jahren
wurde im Umfeld der 68er-Bewegung noch einmal heiß diskutiert, ob
damals die Chance für eine andere und bessere Demokratie verpasst
worden sei. Ein Teil der Studentenbewegung, der für die erstrebte sozialistische Revolution besonders auf die Arbeiter in den Fabriken
hoffte und den Parlamentarismus kritisierte, setzte noch einmal auf
die Alternative einer Rätedemokratie. Aber außerhalb kleiner Zirkel

spielt das seitdem keine Rolle mehr, zumal die neuen sozialen Bewegungen einschließlich der Grünen andere Wege der Demokratisierung einschlugen.

Man kann also sagen: Die Rätedemokratie ist stark in Krisen, in Revolutionen, in Übergangssituationen, aber bisher noch nirgends in demokratischer Form auf Dauer gestellt worden. Sie will Legislative und Exekutive zugleich sein und unterläuft damit die Gewaltenteilung (siehe 6), oder sie wird de facto zum Parlament und verliert ihre Besonderheit. Und nicht zuletzt: Die Verankerung von demokratischer Staatlichkeit in der Fabrikgesellschaft, im Unternehmen, hat sich nicht bewährt und mit dem Übergang aus der hochindustriellen Gesellschaft in die Dienstleistungs- und Konsumentengesellschaft von heute vollends ihre Berechtigung verloren.

63. Lotterie statt Wahl: Kann das funktionieren? Demokratie und freie Wahlen: Das gehört unauflöslich zusammen. Denn wie soll politische Führung jenseits von dynastischer Erbfolge (Erbmonarchie) oder willkürlicher Machtanmaßung (Diktatur) bestimmt werden und zugleich zeitlich limitiert bleiben? Auch in einer ziemlich reinen direkten Demokratie müssen bestimmte Ämter und Funktionen an einzelne Personen vergeben werden; das war schon im klassischen Athen so und später in der Schweiz. Von der Antike bis an die Schwelle der Moderne war jedoch ein anderes Verfahren als die Wahl (und die mit ihr verbundene Mehrheitsentscheidung) weit verbreitet: nämlich das Losverfahren. In Athen ebenso wie in der römischen Republik bestimmte das Los einzelne Bürger für die Wahrnehmung von Ämtern auf Zeit. Auch in den italienischen Stadtrepubliken des späten Mittelalters hatte die Verlosung von Führungspositionen ihren festen Platz. An der Schwelle vom 18. zum 19. Jahrhundert setzte sich, mit Liberalismus, Repräsentation und wettbewerblicher Marktgesellschaft, das Wahlverfahren unumstritten durch.

Aber angesichts sinkender, zudem sozial unausgewogener Wahlbeteiligung (siehe 20) und eines Verlusts des Vertrauens in die «gewählten Volksvertreter» ist die Frage nach Alternativen zur Wahl wieder aktuell geworden. Das Losverfahren ist mit der Idee der Demokratie prinzipiell sehr gut vereinbar; es hat sogar einige Vorzüge gegenüber der Wahl. Wenn Demokratie es ernst meint mit der Herrschaft des Volkes, müsste doch wirklich jede Bürgerin, jeder Bürger jedes politische Amt ausüben können. Und umgekehrt: Wenn die Beteiligung am Gemeinwesen eine Art moralischer Bürgerpflicht ist, dürfte sich keiner entziehen, wenn das Los auf ihn oder sie fallen sollte. Die Vertretung der Bevölkerung, die auf diese Weise in einem Parlament oder anderen Gremium zusammenkäme, wäre in ganz anderer Weise repräsentativ: ein zufälliger Querschnitt durch die Bevölkerung, mit gleich vielen Frauen wie Männern, mit und ohne Migrationshintergrund, Arm und Reich. Kritik an einem Akademikerparlament oder an einer Plutokratie (einer Herrschaft des Geldes) gehörte der Vergangenheit an. Die soziale «Blindheit» des Losverfahrens kommt Idealen der Gleichheit und Gerechtigkeit entgegen. Die scherzhafte Frage «Was würden Sie tun, wenn Sie einen Tag lang Bundeskanzlerin wären?» – sie wäre plötzlich Realität.

Einer generellen Anwendung, auch in der nationalen Politik: bei der Bestimmung von Abgeordneten oder von Regierungsmitgliedern, stehen Hindernisse entgegen. Ohne Professionalität und mühsam erarbeitete Fachkompetenz lässt sich ein Land nicht regieren. Das Problem von Glaubwürdigkeit und Vertrauen wäre nicht gelöst, sondern nur verschoben. Ein durch den Zufall des Loses bestimmter Bürgermeister, erst recht Ministerpräsident, könnte sich auf ein Wahlvotum nicht berufen und wäre seinen Wählern gegenüber nicht verantwortlich. Politische Strömungen könnten sich kaum noch in Parteien bündeln.

Doch in der kommunalen Bürgerbeteiligung hat sich das Losverfahren in den letzten Jahrzehnten bereits bewährt, vor allem im Instrument der «Planungszellen». Zu strittigen Fragen, zum Beispiel der Verkehrsplanung in einer Stadt, werden Bürgerinnen und Bürger ausgelost, die frei von den Vorfestlegungen der Parteipolitik in einer Art politischem Workshop konkrete Lösungsvorschläge erarbeiten und in einem Bürgergutachten bündeln. So gelingt es, Betroffene zu engagieren, die bisher vielleicht nicht einmal zur Wahl gegangen sind. Und die Ergebnisse genießen in der Regel eine hohe Glaubwürdigkeit und haben gute Chancen, umgesetzt zu werden.

64. Kann man noch genau sagen, was eine Demokratie ist und was nicht? Früher schien die Welt klar sortiert, so klar wie Deutschland geteilt war: Es gab Demokratien und Diktaturen, entweder – oder. Am Anfang des 21. Jahrhunderts sind wir oft unsicher, nicht nur bei Ländern in Afrika oder Asien, sondern beim Blick auf die europäische Landkarte. Ist die Türkei schon eine volle Demokratie, und wenn nicht, welche Bezeichnung passt, wenn es sich um eine Diktatur (bei der wir an die «großen» Diktatoren des 20. Jahrhunderts denken) offenbar nicht handelt? Gelten die Grundrechte in Ungarn? Und was war das Italien Silvio Berlusconis? Die herkömmlichen Kategorien versagen oft. Einerseits ist die Welt demokratischer geworden, andererseits auch unübersichtlicher. Die Grenzen der Demokratie sind diffuser, die Übergänge in andere Regierungsformen fließender.

Die Politikwissenschaft hat eine Reihe von Begriffen vorgeschlagen, um die verwaschenen Regimeformen der Weltordnung nach Kaltem Krieg und Dualismus der Supermächte besser sortieren zu können. Häufig finden, wie auch in Russland und im Iran, allgemeine Wahlen mit konkurrierenden Parteien und Kandidaten statt, die dennoch nicht im strengen Sinne als freie Wahlen bezeichnet werden können. Und formal freie Wahlen müssen nicht bedeuten, dass sich die gewählten Personen oder Organe an demokratische Grundregeln halten, dass Grundrechte und Minderheitenschutz gelten, dass Rechtsstaat und Gewaltenteilung funktionieren. Solange sich die Waage mehr in Richtung Demokratie neigt, nennen Wissenschaftler das eine «defekte Demokratie». Das Konzept einer «eingebetteten Demokratie» soll darauf hinweisen, dass Demokratie erst im Zusammenspiel vieler Elemente entsteht und dass ihr institutioneller Kern, wie das freie Wahlregime, der Abstützung durch eine freie Presse, zivilgesellschaftliche Organisationen, kritischen Bürgergeist und vieles mehr bedarf. Mischformen zwischen Demokratie und Autokratie nennen Politologen neuerdings «Anokratie». Der Begriff ist jedoch verwirrend, weil man ihn als Abwesenheit von Herrschaft übersetzen kann.

Die typischen Graustufen der politischen Ordnungen sind auch Ergebnis einer empirischen Politikwissenschaft, die seit den 1970er Jahren vergleichende Länderdaten erhebt und daraus Indexwerte für die Freiheit der Wahlen, die Geltung der Grundrechte oder den Zugang zu Bildung ermittelt. So ergibt sich, wie in den Demokratiereporten der amerikanischen Organisation «Freedom House», eine gleitende Skala statt eines binären Schemas. Nicht «Demokratie gegen Diktatur», sondern: Norwegen erhält eine 1, Polen eine 2, die Türkei eine 3, und irgendwann ist man bei Nordkorea. Damit entsteht ein Bild, das realitätsnäher ist als die frühere, grobschlächtige Unterscheidung zwischen Demokratie und Diktatur. Existieren also nur noch graduelle Unterschiede? Nein. Man wird sich weiterhin sehr schnell einig sein: Indien ist eine Demokratie, China ist es nicht. Polen war bis 1989 keine Demokratie, ist es seitdem aber zweifellos.

VIII Demokratie als Lebensform

65. Ist Demokratie nur ein Prinzip der Politik? Demokratie ist eine Herrschaftsform, oder noch enger, eine Regierungsform – also gehört sie in den Bereich der Politik, der staatlich-politischen Organisation einer Gesellschaft. Aber lässt sich dieser Bereich säuberlich von anderen Sphären des Lebens abgrenzen, von der Wirtschaft oder dem Bildungssystem, der Religion oder dem Privatleben? Politische Gleichheit, Freiheit und Teilhabe beruhen auf gesellschaftlichen und kulturellen Voraussetzungen. Geburtsständische Privilegien und persönliche Abhängigkeit der Feudalgesellschaft mussten verschwinden, erst recht Sklaverei. Männer und Frauen können nicht nur im Zugang zur Wahlurne und zu politischen Ämtern gleich sein. Umgekehrt strahlt also die Ausweitung von Demokratie in Gesellschaft und Alltag zurück: Das Stimmrecht für Frauen oder Afroamerikaner setzte Debatten über umfassendere Gleichheit und Partizipation in Gang.

Wie konnte man überhaupt darauf kommen, Demokratie ließe sich auf Politik und Herrschaftsordnung beschränken? Das geht bis auf antike griechische Traditionen zurück, zum Beispiel auf Aristoteles' Unterscheidung von *Polis* und *Oikos*, von politischer Herrschaftsordnung und der «Ökonomie» im Sinne von Familie, Haushalt und Wirtschaft. Doch zugleich gehörte es zum Selbstverständnis der athenischen Demokratie, dass die Bürger durch und durch frei seien und eine demokratische Mentalität – so würden wir heute sagen – die gesamte Lebensführung prägen sollte. Auch die wichtigen Demokratietheorien der Moderne schlagen, auf die eine oder andere Weise, eine Brücke zwischen Politik und Regierungsform einerseits, allgemeiner Freiheit und Selbstbestimmung des Lebens andererseits. In der liberalen Variante ist die Regierung überhaupt nur dazu da, ein möglichst ungehindertes Leben des Einzelnen zu garantieren. Die republikanische Variante sagt umgekehrt: Der politische Geist der Freiheit und Partizipation ist so grundlegend für die Identität des Menschen, dass er alle anderen Lebensbereiche durchtränkt.

Die heutige Vorstellung von Demokratie als Lebensform ist von amerikanischen Impulsen entscheidend geprägt worden, trotz Sklaverei und späterer Rassentrennung in den Südstaaten der USA. Alexis de Tocqueville staunte als Amerikareisender in den 1830er Jahren über eine Praxis der Demokratie, die sich immer wieder «von unten», aus dem gemeinschaftlichen Lebensvollzug, ergab: in Vereinen, im sozialen und religiösen Leben. Hundert Jahre später führte der Philosoph John Dewey (1859–1952) diesen Gedanken weiter. In der tiefen Krise der Regierungsform Demokratie um 1930/40 rief er zu ihrer Erneuerung aus den Wurzeln des alltäglichen Lebens auf. Die Grundlagen der Demokratie werden schon in Erziehung und Schule gelegt; sie braucht die Öffentlichkeit als Resonanzraum; sie verwirklicht sich nicht zuerst im nationalen Parlament, sondern in den Netzwerken des täglichen Zusammenlebens in der Nachbarschaft, dem Stadtviertel, der Gemeinde. «Democracy as a way of life», nannten Dewey und seine Mitstreiter das: Demokratie als Lebensform.

66. Kann man die ganze Gesellschaft demokratisieren? Darüber wurde um 1970 in der Bundesrepublik heftig und grundsätzlich debattiert. Soziale Bewegungen wie die Studentenrevolte forderten eine «Demokratisierung aller Lebensbereiche», die das bürgerliche Milieu, auch viele Staatsrechtler und Politikwissenschaftler, ablehnten. Der Politologe Wilhelm Hennis (1923–2012) argumentierte, Demokratie sei ein besonderes Merkmal der politischen Sphäre und könne nicht auf Universitäten, Krankenhäuser oder Kirchen ausgedehnt werden. Auf Aristoteles zurückgehend, definierte er Politik als besondere Ausdrucksform menschlicher Freiheit, die eigenen Regeln und Verfahren folgt. Die politische Gleichheit der Staatsbürgerinnen und Staatsbürger sei nicht ohne weiteres in eine allgemeine Gleichheit übersetzbar, bei der die Unterschiede zwischen Lehrer und Schüler, Arzt und Patient, Unternehmer und Arbeiter verschwinden. Auch praktisch spricht viel dafür, dass unterschiedliche gesellschaftliche Subsysteme (wie die Systemtheorie sagen würde) unterschiedlichen Funktionslogiken folgen, auch in ihrer Führung. Ein Papst oder eine Vorstandsvorsitzende bleibt etwas anderes als ein Ministerpräsident.

Dennoch drängte der partizipative Impuls über die engere Politik hinaus. Wie also sollte eine Demokratisierung nichtpolitischer Lebensbereiche aussehen? In der Bundesrepublik wollte man repräsentativ-parlamentarische Verfahren übernehmen, zum Beispiel in den Hochschulreformen: Alle Mitglieder der Universität sollten als ihre Bürger wählen, in Gremien vertreten sein und mitentscheiden. In den USA dagegen ist demokratische Kultur an der Basis, im Alltagsleben tief verwurzelt, aber man folgt dort kaum der deutschen Idee, Organisationen wie die Universität oder ein Unternehmen durch Wahlen und Repräsentativkörperschaften «demokratisieren» zu wollen. Einen Königsweg gibt es also nicht.

Inzwischen wird die «Demokratisierung aller Lebensbereiche» gelassener beurteilt. Repräsentativ-parlamentarische Modelle stehen seit den 1980er Jahren ohnehin nicht mehr im Zentrum neuer politischer Dynamik, sondern Basismobilisierung und zivilgesellschaftliche Aktion. Und nicht zuletzt sind die traditionellen Hierarchien des Alltags, die mindestens bis in die 1970er Jahre in Spannung zur staatsbürgerlich-politischen Gleichheit standen, weithin verschwunden: die Unterordnung der Ehefrau unter den Ehemann, oder die ehrfurchtsvolle Anrede des Hochschullehrers als «Herr Professor». Die informelle Demokratisierung hat diejenige der Institutionen und Organisationen überholt.

67. Was ist Wirtschaftsdemokratie? Im Zeitalter der Industrialisierung war vielen nicht verständlich, dass Freiheit und Gleichheit, bürgerliche Rechte und Mitwirkung an Entscheidungen dort außen vor bleiben sollten, wo die meisten Menschen den größten Teil ihrer Lebenszeit verbrachten: am Arbeitsplatz, in der Fabrik. Seit der Mitte des 19. Jahrhunderts prägten immer mehr große Betriebe, mit vielen hundert oder tausend Mitarbeitern, die industriekapitalistische Wirtschaft. Der Eigentümer bestimmte nicht nur die großen Linien der Unternehmensstrategie, sondern prägte das alltägliche Betriebsklima durch selbstherrliches, autoritäres oder paternalistisches Auftreten – er fühlte sich als «Herr im Hause». Für die Arbeiter endete die Mündigkeit an den Fabriktoren.

So lag es für die Arbeiterbewegung nahe, sich nicht auf die Forderung nach allgemeinem Wahlrecht, parlamentarischer Regierungsweise oder Republik zu beschranken. Auch in der Arbeitswelt sollten die «Monarchie», die Einherrschaft des kapitalistischen Unternehmers, und die Untertanengesellschaft überwunden werden. Arbeiter sollten sich organisieren, in den Betrieben eine Interessenvertretung etablieren sowie über Arbeitsbedingungen, Löhne und soziale Sicherheit mitentscheiden. Darauf zielten die britischen Sozialreformer Beatrice und Sidney Webb, als sie 1897 in einem einflussreichen Buch die «Industrial Democracy» entwarfen. In Deutschland stiegen 1918 die Erwartungen, nach dem monarchisch-obrigkeitlichen Staat auch die Wirtschaft demokratisieren zu können. Das Betriebsrätegesetz von 1920 galt vielen nur als Auftakt einer umfassenderen «Wirtschaftsdemokratie». Sie scheiterte spätestens, als die Nationalsozialisten im Januar 1934 Führerprinzip und staatliche Kontrolle in den Betrieben durchsetzten.

Die Bundesrepublik nahm den Faden der pragmatischen Gewerkschaftsbewegung und der Weimarer Sozialpolitik wieder auf. Artikel 9 des Grundgesetzes garantiert die «Koalitionsfreiheit» – das Recht auf gewerkschaftliche Organisation ist bis heute geradezu ein Lackmustest für Demokratie. Ludwig Rosenberg, in den 1960er Jahren Vorsitzender des DGB, forderte 1948 die Verwandlung des «Wirtschaftsuntertanen» in den «Wirtschaftsbürger». Damit meinte er nicht den «Bourgeois», den bürgerlich-kapitalistischen Unternehmer, sondern den im Betrieb mündig gewordenen Arbeiter, der sich nicht mit seiner Rolle als demokratischer «Staatsbürger» bescheiden dürfe. Der Weimarer Begriff der Wirtschaftsdemokratie trat jedoch bald in den Hintergrund und wurde durch den der (industriellen, betrieblichen) Mitbestimmung ersetzt.

Dabei zielte Mitbestimmung, gerade in der frühen Nachkriegszeit, durchaus auf das «große» Ziel der Demokratisierung der Betriebe, nämlich auf Anteil an der Unternehmensführung, ohne den Weg der Enteignung gehen zu müssen. Das Montanmitbestimmungsgesetz von 1951 verankerte eine paritätische Besetzung der Aufsichtsräte in den großen Unternehmen der Kohle- und Stahlindustrie mit Vertretern der Kapital- und Arbeitnehmerseite. Nach langem Streit weitete das Mitbestimmungsgesetz von 1976 dieses Prinzip auf alle großen Unternehmen mit mehr als zweitausend Beschäftigten aus, doch nur so, dass hier im Zweifelsfall die Kapitalseite den Ausschlag geben kann. Parallel dazu wurde die «kleine» Wirtschaftsdemokratie der Betriebsräte, also die Mitbestimmung am Arbeitsplatz, im Betriebsverfassungsgesetz von 1952 neu gefasst.

Gemessen an den ursprünglichen Zielen der Wirtschaftsdemokratie war das nicht viel, aber mehr, als in den meisten anderen Ländern erreicht wurde. Heute entscheidet sich ökonomische Mündigkeit für die meisten Menschen weniger am Arbeitsplatz als in ihrer Rolle als Konsumenten (siehe 57). Die Verbraucherdemokratie nimmt die Frage nach der Wirtschaftsdemokratie auf, und der alte Begriff verblasst allmählich.

68. Muss auch die Familie demokratisch organisiert sein? Der «Familienrat» diskutiert und stimmt ab, wohin es im nächsten Sommerurlaub gehen soll. Der Vater schlägt die Kinder nicht; stattdessen werden Konflikte im Gespräch ausgetragen und Kompromisse gesucht. Am Ende des 20. Jahrhunderts hat Demokratie auch Einzug in die privaten Lebensformen gehalten, in Partnerschaft, Familie und Erziehung der Kinder. In der antiken griechischen Demokratie hätte das für Verwunderung gesorgt, und es passt auch nicht recht zu einer grundlegenden Idee der modernen Demokratie: nämlich der Unterscheidung einer privaten und einer öffentlichen Sphäre. Die Griechen trennten die *Polis*, den Raum der Demokratie, vom *Oikos*, dem Raum von Familie und Haushaltsführung. *Res publica*, die öffentliche Sache und ihre staatsbürgerliche Besorgung – das kann fast schon als gleichbedeutend mit Demokratie verstanden werden. Und bis in die Mitte des 20. Jahrhunderts war es kein prinzipieller Widerspruch, wenn aufrechte (männliche) Demokraten sich in den eigenen vier Wänden wie autoritäre Herrscher oder kleine Familienmonarchen aufführten. Zumal dem deutschen Bürgertum war eine solche Neigung nicht fremd.

Als der Anspruch auf Demokratie nicht nur als (staatliche) Regierungsform, sondern als allgemeine Lebensform im 20. Jahrhundert immer lauter erhoben wurde, bezog er sich zunächst vor allem auf öffentliche Verhältnisse: Arbeitswelt und Betrieb, Kirche und Universität. In den 1960er und 1970er Jahren überschritt er aber auch die Haustürschwellen und drang in die Räume des Privaten ein, denn die Universalisierung von Demokratie sollte prinzipiell keine Grenzen mehr kennen. Für das Verhältnis der (Ehe-)Partner bzw. Geschlechter zueinander war das eine Konsequenz der neuen Frauenbewegung und ihres Selbstverständnisses als Teil demokratischer Reformbewegungen.

Es gab durchaus Gründe, *gerade* die Familie ins Visier zu nehmen, wenn man nach vorpolitischen Voraussetzungen von Demokratie fragte. Beruhten autoritäre Herrschaft und Diktatur nicht auf antrainierten Verhaltensweisen von Befehl und Gehorsam, auf Merkmalen des Charakters also, die in der familiären Erziehung erworben wurden? Theodor W. Adorno, Philosoph und Soziologe der «Frankfurter Schule», sah wichtige Wurzeln des Nationalsozialismus in einer «autoritären Persönlichkeit», die sich in früher Kindheit, durch autoritäre Väter und Familienstrukturen, herausbildet. Demokratische Erziehung musste dann mehr sein als politische Bildung über Demokratie, nämlich Erziehung *in* demokratischer, egalitär-toleranter Freiheit und Gemeinschaft. Die «antiautoritäre Erziehung» der 68er-Bewegung versuchte diese Idee besonders radikal zu verwirklichen. Und in der gegenwärtigen Demokratieförderung ist es, wie in der Bekämpfung des Rechtsextremismus, selbstverständlich, den Blick auf Kinder, Jugendliche und Familienstrukturen zu richten.

69. Was hat Transparenz mit Demokratie zu tun? Transparenz ist zum Schlüsselwort unserer Zeit geworden, nicht nur in der Politik, sondern in weiten Bereichen der Alltagskultur unter dem Einfluss der Digitalisierung. Erwartungen an mehr Bürgerbeteiligung und offenere Entscheidungsprozesse verbinden sich damit ebenso wie Ängste vor dem Verlust der Privatsphäre, vor der Auslieferung des «gläsernen Bürgers» an den allmächtigen Staat oder an datensammelnde Unternehmen. Das Internet ist nicht Auslöser des Strebens nach Transparenz, sondern ein Medium, mit dem sich gewachsene Ansprüche an demokratische Politik leichter einlösen lassen. Sitzungen von Parteigremien oder Parlamentsausschüssen sollen nicht mehr «hinter verschlossenen Türen» stattfinden – ein Livestream macht es jedem leicht möglich, teilzunehmen. Oft war die Öffentlichkeit schon bisher zugelassen, aber wer wollte sich auf die Reise in die Hauptstadt machen, um physisch dabei zu sein?

Vor allem drückt sich im Schlagwort der Transparenz eine neue, erweiterte demokratische Mentalität aus. Die Bürgerinnen und Bürger lassen die gewählten Volksvertreter nicht mehr bis zum nächsten Wahltermin gewähren, sondern wollen ihr Handeln in jedem Moment beobachten, nachvollziehen, kontrollieren können. Wer nimmt im Verborgenen Einfluss auf politische Entscheidungen? Diese kritische Frage richtet sich oft gegen den Einfluss von Interessenverbänden, Unternehmen und Lobbyisten auf politische Entscheidungen, oder gegen Korruption im engeren Sinne der Käuflichkeit von Politik. Die 1993 in Berlin gegründete Organisation *Transparency International* prangert Korruption in globaler Perspektive an, während interessierte Bürger das Handeln ihres Abgeordneten über die Website «Abgeordnetenwatch.de» verfolgen können. Bei aller Kontinuität verändern solche Erwartungen und Verhaltensweisen die moderne Demokratie tiefgreifend. Der Politikwissenschaftler John Keane spricht vom Übergang der repräsentativen in eine beobachtende und kontrollierende, eine *monitory democracy*.

Die Grenzen der Transparenz müssen neu ausgehandelt werden.

Das gilt nicht nur für den Schutz der bürgerlichen Privatsphäre, sondern auch für die Schutz- und Vertrauensräume, ohne die gerade demokratische Politik nicht auskommen kann: weil in ihr ständig verhandelt wird, sei es zwischen Tarifpartnern, Koalitionspartnern oder EU-Regierungschefs, und sich diese Verhandlungen nicht in jedem Moment vor der Öffentlichkeit vollziehen können. Die permanente Kontrolle von Mandatsträgern, ihre neu geforderte Rechenschaftspflicht in Einzelfragen, kann die Grenze zwischen «freiem» und «imperativem» Mandat aufweichen. Noch grundsätzlicher hat das *Whistleblowing* von Julian Assanges «Wikileaks» und von Edward Snowden die Frage aufgeworfen, ob in Demokratien überhaupt Arkanbereiche von Institutionen und Wissen existieren dürfen, nicht zuletzt in den Geheimdiensten. Lange Zeit galt das als völlig selbstverständlich, aber die Maßstäbe verschieben sich.

70. Kann man Demokratie an der Universität studieren? Ein eigenes Fach «Demokratiewissenschaft» sucht man, nicht nur in Deutschland, vergeblich – einzig an der Universität Regensburg kann man neuerdings einen Masterstudiengang unter diesem Namen absolvieren. Doch die wissenschaftliche Beschäftigung mit der Demokratie ist alt. Sie reicht zurück bis in die griechische Antike, vor allem zu Aristoteles' Buch über die «Politik», dem wohl einflussreichsten Grundbuch über politische Herrschaftsformen überhaupt, mit einer langen Wirkungsgeschichte im Mittelalter und in der Neuzeit, bis in die Gegenwart. Dabei kam die Demokratie bei Aristoteles gar nicht besonders gut weg, weil er Angst vor den unkontrollierten Leidenschaften des Volkes, des Pöbels, hatte. In diesem Sinne war Politik bis in die Frühe Neuzeit hinein Teil der praktischen Philosophie, also der Frage nach dem guten Leben und einer guten Ordnung des Zusammenlebens. Auch heute noch widmet sich die politische Philosophie ganz ähnlichen Fragen, und immer wieder hört man von einem Philosophen, er oder sie folge «neoaristotelischen» Ansätzen, womit die Suche nach einer guten und gerechten Ordnung gemeint ist.

Seit dem 17. Jahrhundert entstanden im Spannungsfeld von Absolutismus und Aufklärung ganz neue Zugänge zur Erklärung von Politik. In Deutschland orientierten sich die politischen Wissenschaften auf den Staat, für den Beamte ausgebildet werden mussten. Die «Staatswissenschaft» enthielt Anteile von dem, was wir heute Politik, Jura, Philosophie und Ökonomie nennen. Demokratische

Ideen, Institutionen und Praktiken spielten dabei nur eine geringe Rolle. Die frühe demokratische Theorie prägten eher Außenseiter wie Julius Fröbel (1805–1893), ein studierter Geologe, und natürlich der Philosoph und Journalist Karl Marx. Erst in der Weimarer Republik fand die Demokratie mehr Platz an den Universitäten, aber viele ihrer Vertreter hatten es wegen ihrer jüdischen Herkunft oder als Sozialdemokraten schwer. Mit dem Beginn der nationalsozialistischen Diktatur Anfang 1933 endete jede «Demokratiewissenschaft» in Deutschland in Entlassung, Emigration und Verfolgung.

Deshalb wollten die westlichen Alliierten, allen voran die Amerikaner, den Deutschen seit 1945 Demokratie beibringen, als Teil ihres Programms der *re-education*. So förderten die Amerikaner den Aufbau einer neuen Disziplin, der Politikwissenschaft. Angesiedelt im sozialwissenschaftlichen Fächerkanon und deshalb unbelastet von antidemokratischen Traditionen der Juristen, Philosophen und Historiker, sollte dieses Fach Demokratiewissenschaft sein, im doppelten Sinne: Es sollte über Demokratie forschen und lehren, zum Beispiel vermitteln, wie Parlamentarismus funktioniert, sich aber auch zur westlichen Demokratie und ihrem Aufbau in der Bundesrepublik bekennen.

Im Sog der Neuorientierung seit 1945, dann noch einmal der Protest- und Reformbewegung um 1968 haben auch andere Fächer sich als Wissenschaft über und für die Demokratie definiert: ganz besonders die Pädagogik, im Blick auf das Lernen demokratischer Werte und Verhaltensformen, aber auch die Geschichte. Ein Eckpfeiler bleibt die Rechtswissenschaft, in der europäisches und internationales Recht für die neuen Dynamiken der Demokratie immer wichtiger werden. In letzter Zeit nimmt die Orientierung auf praktische Anwendung zu. Nach amerikanischem Vorbild sind *Schools of Governance* entstanden, die in Masterstudiengängen mit Praxisanteilen ihre Absolventen für einen Beruf in der Politik qualifizieren wollen – nicht unbedingt jedoch für den Beruf des Politikers. Für diesen kann eine redlich erworbene wissenschaftliche Qualifikation zwar nützlich sein. Aber an der Universität erlernen lässt er sich nicht.

71. Gibt es eine demokratische Architektur? In der amerikanischen Hauptstadt Washington präsentiert sich Demokratie schon äußerlich so auffällig wie kaum irgendwo sonst auf der Welt. Breite Straßen geben den Blick auf das Kapitol, den Sitz der beiden Parlamentskammern, frei, das selber durch gewaltige Ausmaße, durch Säulen und Marmor beeindruckt. In der gesamten Stadt setzt sich dieser Stil fort, bei dem unwillkürlich Adjektive wie «majestätisch» und «imperial» einfallen. In Europa sah demokratisches Bauen, vor allem nach dem Ersten Weltkrieg, eher nüchtern und sachlich aus. Mit Stahl, Glas und Beton, mit Flachdach und glatten Fassaden drückten die Architekten des «Bauhauses» wie Ludwig Mies van der Rohe und Walter Gropius egalitäres Denken und sozialpolitischen Reformgeist aus. Nach 1945 knüpfte die Bundesrepublik daran an, mit ihren Provisorien wie dem Bundestag in der ehemaligen Pädagogischen Akademie in Bonn. 1960 sprach der SPD-Politiker Adolf Arndt von der «Demokratie als Bauherr». Er plädierte für ein im Lichte der Diktaturerfahrung gezügeltes Selbstbewusstsein, für eine nüchterne Formensprache, die gleichwohl die Wertschätzung der Demokratie zum Ausdruck bringen sollte. Die Gratwanderung zwischen Repräsentation und Normalität blieb schwierig. Der 1976 bezogene Neubau des Bundeskanzleramtes versprühte für den damaligen Hausherrn Helmut Schmidt den «Charme einer rheinischen Sparkasse». Aber das bisherige «Palais Schaumburg» wollte, schon seinem vordemokratischen Namen nach, auch nicht recht zur neuen Republik passen.

Nach der Wiedervereinigung stellte sich dieselbe Frage in der altneuen Hauptstadt Berlin. Sollte der Bundestag in das Reichstagsgebäude? Das wurde erst möglich nach dem doppelten ästhetischen Fegefeuer der Verpackung durch Christo und Jeanne-Claude und der Überkuppelung durch Norman Foster. Das Ergebnis ist tatsächlich zum Symbol der Demokratie geworden. Dabei trug der von Paul Wallot 1894 gebaute Reichstag gar keine autoritäre oder diktatorische Schuld: Man verstand ihn damals vielmehr als demokratisches Gegenschloss, das von Kaiser Wilhelm II. ausdrücklich nur jenseits der alten Stadtgrenze, also westlich des Brandenburger Tors, akzeptiert wurde. Das west-östlich verlaufende «Band des Bundes» des Architekten Axel Schultes, mit der «Waschmaschine» Bundeskanzleramt und den Parlamentsbauten, soll eine demokratische Gegenansage zur monumentalen Nord-Süd-Achse von Albert Speers «Germania» sein. Der «Palast der Republik» wurde abgerissen – auch dies im Namen der Demokratie, jedenfalls der Beseitigung des städtebaulichen Erbes einer Diktatur. Das rekonstruierte Hohenzollernschloss tritt an seine Stelle, ohne die Monarchie beschwören zu wollen.

So bleibt die Frage nach demokratischem Bauen widersprüchlich.

Die ästhetisch-politische Emphase der Mitte des 20. Jahrhunderts ist weithin verschwunden. Die Betonsilos und gigantomanischen Stadtentwürfe eines Le Corbusier strahlen heute eher Machtphantasien aus als demokratische Transparenz und Menschenmaß. Wenn ein demokratischer Führer repräsentativ bauen lässt wie der französische Präsident François Mitterand in den 1980er Jahren, muss er sich verspotten und monarchische Repräsentationssucht vorwerfen lassen.

72. Ist der 3. Oktober ein Feiertag der Demokratie? «Der 3. Oktober ist als Tag der Deutschen Einheit gesetzlicher Feiertag». So bestimmt es Artikel 2, Absatz 2 des Einigungsvertrags von 1990. Also gedenken wir mit dem Nationalfeiertag der staatlichen Einheit, nicht der Freiheit und der Demokratie. Aber indirekt doch, denn aus der Präambel des Vertrags und überhaupt aus der historischen Konstellation Deutschlands ist die Einheit nur in Freiheit, Selbstbestimmung und Demokratie überhaupt sinnvoll und erinnerungswürdig. Damit lebt im Nationalfeiertag die spannungsvolle Verquickung der Ziele von nationalstaatlicher Einheit und freiheitlicher Demokratie fort, die das 19. und 20. Jahrhundert geprägt hat. Eine ähnliche Spannung kennzeichnete schon den 17. Juni, der in der Bundesrepublik an den Volksaufstand in der DDR von 1953 erinnerte: Auch er hieß «Tag der deutschen Einheit» und diente meist dazu, die Teilung in zwei deutsche Staaten zu bedauern. Wenn man wollte, konnte man mit ihm aber auch an die Forderung von Menschen in Ost-Berlin und anderswo nach Selbstbestimmung und freien Wahlen erinnern.

Lässt sich die Wertschätzung der Demokratie nicht besser, unmittelbarer feiern? Dann käme der 23. Mai in Frage, also der Tag der Verkündung des Grundgesetzes im Jahre 1949. Obwohl kein gesetzlicher Feiertag, spielt der 23. Mai eine gewisse Rolle in öffentlichem Bewusstsein und demokratischer Kultur. Seit 1979 war das für drei Jahrzehnte (bis der Rücktritt Horst Köhlers den Rhythmus durcheinander brachte) der Tag der Wahl des Bundespräsidenten. Weithin vergessen ist heute, dass die Weimarer Republik den Verfassungstag zum nationalen Feiertag machte: Von 1921 bis 1932 war das der 11. August, an dem 1919 die Reichsverfassung ausgefertigt worden war. Es gab sogar intensive Bemühungen, diesen Tag effektvoll zu inszenieren und damit das Bekenntnis zur Republik auch emotional zu stärken. Bei den Feiern zum 3. Oktober soll dagegen der Charakter eines Volksfestes ebenso wie die föderale Tradition im Vordergrund stehen, indem reihum jedes der Bundesländer ein buntes Treiben auf der Straße organisiert. Schließlich gibt es noch den 18. März, der in Erinnerung an die Berliner Barrikadenkämpfe als einem Höhepunkt der Revolution von 1848/49 immer wieder als demokratischer Feiertag vorgeschlagen wurde.

Wegen des mehrfachen Scheiterns der Demokratie und besonders wegen der nationalsozialistischen Herrschaft fällt das unbefangenfröhliche oder pathetisch-stolze Feiern in Deutschland schwer. So gibt es eine ganze Reihe von «negativen» Gedenktagen, die Anlass zu Scham und schmerzvoller Erinnerung sind oder die einen tiefen Zwiespalt in sich tragen. Der 8. Mai 1945 ist erst seit den 1980er Jahren vom Tag der nationalen Niederlage zum Tag der Befreiung von der Diktatur umgedeutet worden. Seit 1996 ist der 27. Januar nationaler Gedenktag in Erinnerung an die Befreiung des Vernichtungslagers Auschwitz ebenfalls im Jahre 1945, und damit zugleich Erinnerungstag des Holocaust. Mindestens dreifach verschiedene Erinnerung trägt der 9. November, der deshalb auch als «Schicksalstag» der Deutschen bezeichnet wird: 1918 riefen Philipp Scheidemann und Karl Liebknecht gleich doppelt die Republik aus. 1938 entfesselten die Nazis in einer Pogromnacht endgültig auch die physische Gewalt gegen die jüdischen Deutschen, und 1989 fiel die Mauer in Berlin, was dem Ende der SED-Diktatur gleichkam. Diese komplizierte Überlagerung ist nur schwer in offiziellen Gedenkritualen zu bändigen, weshalb der 9. November es trotz vieler Debatten nicht zum nationalen Feiertag geschafft hat. Gleichwohl: Die «negative Erinnerung» von Scheitern, Schuld und Scham ist in Deutschland, obwohl viele sich dagegen lange gesträubt haben, am Ende des 20. Jahrhunderts ein wichtiger Teil der demokratischen Erinnerungskultur geworden.

73. Befördert das Internet die Demokratie?   Neue Technologien und Kommunikationsmittel haben die Demokratie schon befördert, bevor es sie gab. Johannes Gutenbergs (ca. 1400–1468) Erfindung des Buchdrucks mit beweglichen Lettern führte eine Medienrevolution herbei, war Voraussetzung für moderne Presse und Öffentlichkeit und öffnete das Lesen bis in breite Bevölkerungsschichten. Die Internetrevolution unserer Tage markiert eine ähnlich tiefe Zäsur, und viele ihrer Folgen sind noch offen. Zunächst ist das Internet eine Technologie. Es ermöglicht die individualisierte und doch massenhafte Teilhabe in «Echtzeit» – nicht mehr nur passiv konsumierend wie bei Radio und Fernsehen, sondern (seit dem Web 2.0) aktiv und dialogisch. Es stellt auf neue Weise Öffentlichkeit her und macht es möglich, dabei zu sein und mitzureden, unabhängig von der physischen Präsenz an einem Ort. Allein das hat eine demokratiefördernde Wirkung. Autoritäre Regierungen wie die Chinas fürchten deshalb das Internet, versuchen es zu kontrollieren oder teilweise zu sperren.

Auch politische Verfahren können sich verändern. Aber ob das den Kern demokratischer Institutionen betreffen wird, scheint eher fraglich. Muss man sich noch im Parlament oder auf dem Parteitag treffen, wenn alle im Livestream dabei sein und mitdiskutieren können? Im Prinzip nicht, aber in solchen Situationen wird die physische Präsenz und Authentizität vermutlich ebenso wenig verzichtbar sein wie bei einer Familienfeier. Realistischer ist die Zukunft des digitalen Wählens und Abstimmens – dann müssten wir nicht mehr ins Wahllokal gehen und mit dem Bleistift auf Papier ankreuzen. Politische Diskussionen sind durch Blogs und soziale Medien wie Facebook und Twitter kürzer, schneller, zum Teil auch schroffer geworden. Mehr Partizipation und Kreativität stehen hier gegen den digitalen Stammtisch in den Kommentarfunktionen vieler Medien und Websites.

Aus heutiger Sicht am wichtigsten ist: Das Internet revolutioniert die Struktur und Verfügbarkeit von Wissen. «Wissen ist Macht», erkannte schon der englische Philosoph Francis Bacon (1561–1626). Wenn Wissen (und Wissenschaft) kein Privileg einer kleinen Elite oder herrschenden Klasse mehr ist, findet gesellschaftliche Demokratisierung statt. Die aufgeklärten Enzyklopädien und bürgerlichen Konversationslexika des 18. und 19. Jahrhunderts öffneten die Tür zu einer freien Wissenskultur, die aus dem Fortschritt der Wissenschaften den Anspruch auf politische Emanzipation ableitete. Die Online-Enzyklopädie Wikipedia hat Mauern eingerissen, indem sie das Prinzip der «Schwarmintelligenz» an die Stelle des autoritativen Expertenprinzips setzte. So wie sich in der Demokratie politische Herrschaft konstituieren soll: von unten und durch alle, so konstituiert und verbreitet sich mit Hilfe des Internets das Wissen; privilegierte Autorität zählt nichts mehr.

Aber dagegen stehen neue Gefährdungen. Das Internet nützt auch den Feinden von Freiheit und Demokratie, seien es Terrorgruppen oder autoritäre Regierungen. Wichtiger noch, es kann inmitten demokratischer Gesellschaften Freiheiten aushöhlen und Grundrechte gefährden. Der Schutz der Privatsphäre, die ein ebenso wichtiges Gut darstellt wie eine rege Öffentlichkeit, und das Grundrecht auf informationelle Selbstbestimmung stehen auf dem Spiel, wenn Unternehmen ebenso wie Staatsbehörden und Geheimdienste Daten sammeln und für ihre Zwecke auswerten – Daten, die Bürgerinnen und Bürger ihnen manchmal zu leichtfertig überlassen. Insgesamt ist trotz der Tiefe dieser technischen und kommunikativen Revolution vorerst Gelassenheit angezeigt: Das Internet wird Demokratie und freie Gesellschaft weder abschaffen noch in neue, paradiesische Verhältnisse führen. Aber es macht Gesellschaft und Kultur ein Stück offener und egalitärer.

IX Europa, der Westen, die Welt

74. Stand in Europa die Wiege der Demokratie?

So sieht es der «alte Kontinent» gerne selber, und mit solcher Vorgeschichte versucht sich auch die Europäische Union als Verbund von Demokratien historische Legitimation zu verschaffen. Sofern man dabei an die athenische Demokratie im 5. und 4. Jahrhundert v. Chr. denkt, handelt es sich jedenfalls nicht um eine ununterbrochene, noch viel weniger eine geradlinige Entwicklung: Auf einige Generationen antiker Demokratie folgten mehr als zweitausend Jahre von Stammesgesellschaft, Adelsherrschaft und Königtum. Währenddessen ist die antike Tradition zwar immer wieder neu entdeckt und weitergegeben worden, seit dem Mittelalter auch nördlich der Alpen, aber die Herrschaft des Volkes spielte dabei lange Zeit keine so prominente Rolle – gerade in Deutschland standen sogar bis ins 20. Jahrhundert Bildungs- und Schönheitsideale im Vordergrund, nicht die Politik der Gleichheit und Freiheit. Davon abgesehen, verstanden sich die klassischen Griechen nicht als eine frühe Zentrale Europas, jedenfalls nicht im Sinne des (Halb-)Kontinents, wie wir ihn heute geographisch-politisch abgrenzen. Ihr Lebenshorizont war die Welt des östlichen Mittelmeers, weithin also solche Gebiete, die man später als «Orient» gerade vom «Abendland» Europa abzugrenzen versuchte.

Auch mit dem Blick auf die jüngere Geschichte ist die Erzählung von der europäischen Wiege brüchig. Seit der Amerikanischen Revolution, erst recht im 20. Jahrhundert, ist Demokratie in Europa ohne den transatlantischen Austausch nicht vorstellbar. Und im vergangenen Jahrhundert sah es lange Zeit so aus, als stünde in Europa eher ein Totenbett als eine Wiege. Auf dem «dunklen Kontinent» (Mark Mazower) gingen die demokratischen Lichter aus. Das nationalsozialistische Deutschland hatte 1942 den größten Teil Europas seiner Gewaltherrschaft unterworfen; nach 1945 bestanden die kommunistischen Diktaturen in der östlichen Hälfte für gut vier Jahrzehnte. Gewiss hat Europa zugleich einen erheblichen Anteil an der Erfindung der modernen Demokratie und ihrer Weiterentwicklung bis heute. Aber es ist auch die Wiege von Kolonialismus und Rassismus, eines totalitären Diktaturtyps, von entfesseltem Krieg und Völkermord. Wenn Europäer auf «ihre» Demokratie stolz sein wollen, müssen diese extremen Rückschläge und Verwerfungen darin vorkommen.

75. Hat die Europäische Union ein Demokratiedefizit? Noch eine absurde Verordnung über den Krümmungsgrad von Gurken – was haben sich die Brüsseler Bürokraten da wieder ausgedacht! Europa macht Politik über die Köpfe seiner Bürger hinweg, so empfinden es viele Menschen nicht nur in Deutschland. Das Schlagwort vom Demokratiedefizit bringt das pointiert auf den Begriff, meint aber bei näherem Hinsehen Unterschiedliches. Dass Politik den Kontakt zum Volk, zur Basis verliert, wird auch Bundestagsabgeordneten vorgeworfen, und in den USA ist das Teil der Skepsis gegenüber «Washington». Aber es stimmt: Im Institutionenbau der EU knirscht es, auch nach großen Anstrengungen zur Integration und längst nach der ersten Direktwahl zum Europäischen Parlament im Jahre 1979. Schon die Verteilung der Organe auf verschiedene Städte mit dem Sitz des Parlaments in Straßburg befördert ein Eigenleben der Administration, das mit klassischen Vorstellungen parlamentarischer Kontrolle nicht zusammenpasst. Immerhin haben die Wahlen von 2014 das Parlament gestärkt und Ansätze zu einer Verantwortungsübernahme nach dessen Mehrheitsverhältnissen gestärkt. Aber die Fäden werden nach wie vor von den Staats- und Regierungschefs gezogen, die wichtige Entscheidungen im Europäischen Rat treffen.

Besonders in Deutschland ist eine bundesstaatliche Ordnung der Maßstab für das Demokratiedefizit: «Eigentlich» müsste die Europäische Union so funktionieren wie ein bundesstaatlicher Nationalstaat, also das System der Bundesrepublik eine Ebene höher tragen oder sich, als «Vereinigte Staaten von Europa», an den USA orientieren. Das entspricht der eigenen historischen Erfahrung: sowohl derjenigen des Föderalismus als auch der Erfahrung von den Grenzen und Demokratierisiken des Nationalstaats. Viele Mitgliedsländer sehen das aber anders. Die Briten würden nationalstaatliche Souveränität nicht so bereitwillig abgeben, weil der Kern der Demokratie für sie das Parlament von Westminster ist. Und die Neumitglieder aus Ostmitteleuropa wie Polen wollen erst einmal ihre mühsam errungene nationale Demokratie sichern und schützen. In Deutschland hat das Bundesverfassungsgericht einer bundesstaatlichen Demokratisierung der EU klare Grenzen gesetzt, weil die Volkssouveränität des Grundgesetzes nicht ausgehebelt werden dürfe. Und solange es ein europäisches Volk nicht gebe, bleibe das EU-Parlament eher eine Delegiertenversammlung der Mitgliedstaaten und sei überhaupt kein richtiges demokratisches Parlament.

Damit hat das oberste deutsche Gericht den Finger in eine Wunde gelegt. Langfristig müssen sich die Europäer darüber einig werden, ob sie das «We, the People» der amerikanischen Bundesverfassung von 1787 nachvollziehen wollen, um das Demokratiedefizit zu beheben. Aber die Sichtweise des Bundesverfassungsgerichts berücksichtigt nicht genügend, dass sich Demokratie in der EU auf ganz neuen historischen Pfaden entwickelt, die mit den klassischen Begriffen von Volk, Parlament und Souveränität nicht abzubilden sind. Die Europäische Union ist mehr als ein Bündnis von Staaten und wird wohl noch lange kein Bundesstaat werden, sondern entwickelt sich auch in ihrer Demokratie als ein Gebilde ganz eigener Art.

Bei allen Defiziten sollte man nicht übersehen: Die EU ist eine Union von Demokratien. Sie verpflichtet ihre Mitgliedstaaten zur rechtsstaatlichen Demokratie, überwacht das Funktionieren von deren Grundregeln und greift notfalls auch mit Sanktionen ein. In der Gründungsphase der 1950er Jahre richtete sich die Sorge auf Deutschland, das durch europäische Einbindung nicht wieder wie 1933 aus der Demokratie ausreißen sollte. Die Aussicht auf Mitgliedschaft, und seien es die wirtschaftlichen Vorteile, hat seitdem immer wieder die Bemühungen um Demokratisierung in postdiktatorischen Ländern Europas angespornt.

76. Wie demokratisch ist die Welt? Über diese Frage lässt sich unendlich streiten. Aber man kann sich einen groben Überblick auf der Weltkarte verschaffen: Wie viele Staaten der Erde sind demokratisch regiert? Und wie hoch ist der Anteil der Weltbevölkerung, die unter freien oder unfreien politischen Verhältnissen lebt? Wissenschaftliche und zivilgesellschaftliche Institute wie das amerikanische «Freedom House» tragen dazu seit langem Daten zusammen, so dass man auch Tendenzen der letzten Jahrzehnte erkennen kann. Angesichts einer Vielzahl von Misch- und Übergangsformen mag es riskant sein, oft auch irreführend, nur zwei Gruppen von Staaten zu bilden: demokratisch oder nicht? Meistens wird das an einem freien Wahlsystem gemessen, also im Kern der «elektoralen» Demokratie. Nimmt man andere Indikatoren hinzu, etwa die zivilgesellschaftliche Mobilisierung oder sozialstaatliche Rechte, ergibt sich eher eine breit gespreizte Skala, auf der häufig die skandinavischen Länder an der Spitze stehen. Manchen erinnert die Einteilung in «freie» und «unfreie» Regimes an die Schablonen des Kalten Krieges. Aber bei allen Vorbehalten hat man doch ein Recht auf eine halbwegs klare Auskunft: Wie viele Staaten sind denn nun demokratisch?

Laut «Freedom House» waren 2013 von allen 195 unabhängigen Staaten der Erde 118 (elektorale) Demokratien, das sind 61 Prozent. Dem entspricht auch in etwa der Anteil der Bevölkerung, die unter freien (43 Prozent) oder teilweise freien (23 Prozent) Verhältnissen lebt. Immerhin ist das die klare Mehrheit, mit einer Tendenz zu zwei Dritteln, der Staaten und der Bevölkerung. Dahinter verbergen sich komplizierte Verhältnisse, und man muss sich hüten, bei «Demokratie» und «frei» an Lebensverhältnisse wie in der Schweiz oder in Schweden zu denken. Um Reichtum und Armut geht es hier ohnehin nicht: Indien ist eine stabile Demokratie mit, immer noch, extremer und massenhafter Armut. Unter den reichsten Ländern finden sich auffällig viele Demokratien, aber auch rohstoffreiche Despotien wie Saudi-Arabien.

Die Zahl der souveränen Staaten hat sich im Laufe des 20. Jahrhunderts vervielfacht; das Gleiche gilt für die Weltbevölkerung (1900: 57 Staaten, Weltbevölkerung 1,6 Milliarden). Das macht historische Trendaussagen schwer, doch zweifellos ist die Welt seit hundert Jahren, seit dem Beginn des Ersten Weltkriegs, viel freier und demokratischer geworden. (Erst recht, was oft vergessen wird, wenn man die «Demokratisierung der Demokratien» einbezieht, etwa durch das Frauenstimmrecht.) Am Vorabend der osteuropäischen Umwälzungen von 1989 lag der Anteil der Demokratien an allen Staaten erst bei 41 Prozent. Der Anteil der unfreien Weltbevölkerung ist seitdem um immerhin zehn Prozentpunkte gesunken. Für die Zukunft lässt sich daraus wissenschaftlich die Vermutung weiterer Demokratisierungsgewinne ableiten, doch keine sichere Prognose.

Der Blick auf Kontinente oder Weltregionen vermittelt ein differenzierteres Bild. Europa ist am Ende des 20. Jahrhunderts, von seinem östlichen Rand abgesehen, fast ganz demokratisch geworden. Dasselbe gilt für den amerikanischen Doppelkontinent, einschließlich Lateinamerikas, wo die lange Ära von Autokratien und Militärdiktaturen zu Ende gegangen ist. Klare Fortschritte gibt es auch in Ost- und Südostasien, während Westasien sowie große Teile Afrikas Problemzonen der Demokratisierung bleiben. Und noch einmal: Solche Einteilung ist zur groben Orientierung unverzichtbar, sagt jedoch über Ursachen ebenso wenig etwas aus wie über die Qualität von Demokratie, auch nicht über neue Krisen in ihren alten Kernzonen.

77. Wie westlich ist die Demokratie? Himmelsrichtungen werden gern mit bestimmten Räumen und Regionen assoziiert und darüber hinaus mit kulturellen Wertungen versehen. Der Süden ist im italienischen Stiefel etwas anderes als auf der britischen Insel; beim Norden denken wir an kühle und klare Menschen, der Osten ist fremd und verdächtig. Der globale Westen gilt oft als Ursprungs- und Kernraum der Demokratie, aber seine Grenzen zu bestimmen ist schwierig, auch weil sie historisch flexibel sind. Lange Zeit sprach man von Abendland und Morgenland, Okzident und Orient. Erst im 20. Jahrhundert setzten sich Idee und Begriff des Westens durch, vor allem nach 1945, im Zeichen des Kalten Krieges der beiden Supermächte und ihrer «westlichen» und «östlichen» Verbündeten. Aber nach 1990 und besonders seit dem 11. September 2001 liegt der Gegenpol des Westens wieder mehr im Nahen und Mittleren Osten als in Moskau.

Demokratie und Freiheit als westlich zu verstehen und von einer östlichen Neigung zu Autokratie und Unfreiheit abzugrenzen, reicht in das 19. Jahrhundert und noch weiter zurück. Eine solche Unterscheidung ist keineswegs nur Ausdruck westlicher Arroganz. Sie kann auch selbstbewusst gegen den Westen in Anspruch genommen werden, wenn Demokratie und Freiheit als dekadent und kapitalistisch, unmoralisch oder oberflächlich denunziert werden. So sahen es am Ende des Kaiserreichs und während des Ersten Weltkriegs viele deutsche Intellektuelle und Konservative. Sie verteidigten die vermeintlich höhere deutsche Kultur und monarchisch-obrigkeitliche Politik gegen die westliche Zivilisation und Demokratie. Nach dem Nationalsozialismus wurde die Bundesrepublik Teil des Westens: nicht nur politisch, sondern auch in Mentalitäten und Lebensanschauungen. Seit 1990 gilt dasselbe für Polen oder das Baltikum. Wohl nirgends mehr als in Deutschland hat sich die Demokratie an die Idee des Westens geheftet. Der Historiker Heinrich August Winkler hat den «Langen Weg nach Westen» beschrieben und meint damit den schwierigen deutschen Weg in die liberale Demokratie.

Das zeigt: Demokratie kann auch dort Wurzeln schlagen, wo man sich heftig gegen sie gesträubt und sie als westliche Zumutung abgelehnt hat. Aber gilt dann nicht doch, dass die moderne Demokratie im Westen erfunden worden ist, falls man den nordatlantischen Raum zwischen Westeuropa und Nordamerika so bezeichnet? Es ist schwer bestreitbar, dass wichtige Innovationen in Ideen und Institutionen, in sozialer Bewegung und kultureller Praxis hier, im Dreieck von England, Frankreich und den USA, ihren Ausgang nahmen. Aber nie geschah das isoliert, ohne Überlappungen und Transferprozesse, schon weil die Abgrenzung gegen andere Völker und «Rassen» in die Gründungsphase der westlichen Demokratien eingebaut war und als Kolonialismus praktisch vollzogen wurde. Seit dem späten 20. Jahrhundert wirken nichtwestliche Entwicklungen immer stärker auf die Demokratien im westlichen Kernraum Europas und Nordamerikas zurück. Eine basisdemokratische Gestaltung der kommunalen Finanzen – die Idee des «Bürgerhaushalts» stammt aus dem brasilianischen Porto Alegre und verbreitete sich von dort in Europa. Neue Formen des Protestes auf städtischen Plätzen – der «Arabische Frühling» ist ebenso Nachzügler des Westens wie Pionier und globaler Impulsgeber für junge Menschen. Die starre Verbindung von «Westen» und «Demokratie» verflüssigt sich.

78. Darf man Demokratie in andere Länder exportieren? Nach dem 11. September 2001 brannte diese Frage auf den Nägeln, als die Amerikaner und ihre Verbündeten bei ihrem Krieg gegen den islamistischen Terrorismus einen *regime change* anstrebten: In Afghanistan und im Irak sollten demokratische Systeme nach westlichem Vorbild etabliert werden. Demokratie hat einen missionarischen Drang über die eigenen Grenzen hinaus. Sie ist von ihrer eigenen Überlegenheit über Diktaturen und autokratische Systeme überzeugt. Dieser Drang ist in der politischen Kultur der USA besonders tief verankert und hat die Geschichte des 20. Jahrhunderts geprägt. Davon haben nach dem Zusammenbruch des «Dritten Reiches» auch die Westdeutschen profitiert, ebenso die mit Nazi-Deutschland verbündeten Japaner. Aber gerade die deutsche Erfahrung zeigt, wie wichtig dabei starke eigene Traditionen und eigene Akteure waren. Ein Export im Sinne des Versands einer demokratischen Luftfrachtkiste funktioniert ebenso wenig, wie Demokratie auf längere Zeit als Besatzungsherrschaft ausgeübt werden kann.

Aber verstößt solch expansives Streben von Demokratien nicht ohnehin gegen das Prinzip der Nichteinmischung in die inneren Angelegenheiten anderer Staaten? Dieses Prinzip, nach den Bestandsgarantien des Westfälischen Friedens von 1648 oft auch als «westfälische Ordnung» bezeichnet, galt nach dem Zweiten Weltkrieg beinahe als heilig. Im Schatten der atomaren Konkurrenz der Supermächte sollte an Regimeordnungen und Grenzen keinesfalls gerührt werden. Seit den 1970er Jahren, mit dem Siegeszug der globalen Menschenrechtsidee, sieht man das überwiegend anders. Einmischung wird geradezu als moralische Verpflichtung verstanden. Jedenfalls da, wo Menschen in anderen Ländern selber nach Freiheit und Demokratie streben, sollen sie von den etablierten Demokratien dabei unterstützt werden, auch wenn das den dortigen Machthabern nicht gefällt.

Statt von Demokratieexport spricht man heute lieber von Demokratieförderung (englisch: *democracy promotion*). Dieser weichere, bescheidenere Begriff zielt nicht zuerst auf offizielle Bemühungen von Staaten, anderswo ein demokratisches Regime zu installieren. Demokratieförderung ist auf beiden Seiten, der gebenden wie der nehmenden, in zivilgesellschaftlichen Aktivitäten verankert. Gruppen oder Organisationen aus einem «demokratiestarken» Land versuchen soziale Akteure in «demokratieschwachen» Ländern zu stützen und zu stärken. Das konnte man während des «Arabischen Frühlings» von 2011/12 beobachten. Beim Übergang südeuropäischer Staaten wie Spanien aus Militärregime und Diktatur in den 1970er Jahren, auch immer wieder in Lateinamerika, spielten politische Stiftungen aus der Bundesrepublik wie die Friedrich-Ebert-Stiftung und die Konrad-Adenauer-Stiftung eine wichtige Rolle. Globale Demokratieförderung ist auch ein Schwerpunkt für die Heinrich-Böll-Stiftung. Die westlichen Staaten und Organisationen sind in ihren Mitteln bescheidener geworden, aber ihr politisch-moralischer Anspruch auf demokratische und gerechte Lebensverhältnisse überall auf der Welt ist eher noch gewachsen.

79. Ist Demokratie ein universelles Prinzip?   Die Ideen der Aufklärung traten ganz selbstverständlich mit einem emphatischen Anspruch auf: Freiheit, Gleichheit, Emanzipation – das sollte für alle und überall gelten! Die Realität sah häufig anders aus, wenn es mit der Gleichbehandlung von Menschen aller Hautfarben ernst wurde oder ein europäischer Staat Gesetze für seine Kolonien erließ. Aber je aufgeklärter und radikaler, je weiter «links» die Überzeugung, desto vehementer wurde die universalistische Position vertreten: Demokratie ist nicht nur für weiße christliche Männer in Europa und Amerika da, sondern für alle. Je konservativer, je weiter «rechts» das Weltbild, desto mehr kulturelle Vorbehalte: Andere Rassen, andere Religionen, andere Kulturen stehen auf einem niedrigeren Niveau, müssen beherrscht werden oder organisieren sich nach ihren ganz anderen, «eingeborenen» Regeln.

So war es von der Zeit der Aufklärung, vom 18. Jahrhundert bis weit in das 20. Jahrhundert hinein. In den letzten Jahrzehnten ist das anti-universalistische Weltbild von der Dummheit oder Freiheits-unfähigkeit der anderen selber als dummes Vorurteil entlarvt worden. Also ist Demokratie universell? Aber andererseits zögern nun gerade viele Linke bei dieser Vorstellung. Man müsse die Eigenstän-digkeit von Völkern oder Kulturen respektieren, ihre Auffassungen über Religion und Staat, über das Verhältnis der Geschlechter, über Konflikt und Konsens. Unsere Idee von Demokratie sei ja auch in einer ganz bestimmten Kultur entstanden – und habe nicht einmal hier, in Europa, nur Gutes bewirkt. Das ist die «kulturalistische» Position, die zum Beispiel von der belgischen Politikwissenschaft-lerin Chantal Mouffe (geb. 1943) vertreten wird. Wie Mouffe steht Jürgen Habermas in der marxistischen Tradition der Demokratie-theorie, doch der Frankfurter Philosoph ist ein dezidierter «Uni-versalist». Für ihn gelten die demokratischen Prinzipien, wo auch immer sie historisch zuerst angewandt wurden, überall, weil sie auf Regeln von Vernunft und Verständigung beruhen, die der mensch-lichen Natur innewohnen.

Für die Praxis globaler Demokratiepolitik ist dieser Theoriestreit nicht so wichtig. An der Realität zerbrechen viele klare Unterschei-dungen. Tatsächlich adaptieren auch afrikanische und asiatische Staaten, die nicht im vollen Sinne zur Demokratie übergehen, ein-zelne Regeln und Verfahrensweisen, etwa in Wahlen oder im Parla-mentarismus, und geben dabei ihre eigenen gesellschaftlichen und kulturellen Regeln nicht auf. Vielleicht ist der Streit um Universalis-mus oder Kulturalismus selber in einer westlichen Perspektive befan-gen. Der indisch-amerikanische Ökonom und Nobelpreisträger Amartya Sen (geb. 1933) fragt nicht, was der Westen darf und was nicht, sondern was die Menschen wollen, und sagt: Überall auf der Welt haben sie ein Anrecht auf Würde, Freiheit und Selbstbestim-mung, in der persönlichen Lebensführung und in der Politik. Also: ein universelles Anrecht auf Demokratie.

80. Wird China irgendwann demokratisch werden? Die Entwick-lung der Volksrepublik China während der letzten Jahrzehnte, vor allem seit der Öffnungspolitik Deng Xiaopings in den 1980er Jahren, ist nicht nur in wirtschaftlicher Hinsicht von globalem Interesse. Als industrieller Standort, mit hypermodernen Millionenstädten, rapidem Ausbau von Infrastrukturen und dem rasanten Wohlstandszuwachs für die Mittelklasse hat China den Westen in vieler Hinsicht eingeholt, oft schon überholt. Müsste alldem nicht eine politische Öffnung folgen? Denn in der europäischen und nordamerikanischen Erfahrung gehörten Kapitalismus und Demokratie, marktwirtschaftliche Expansion und gesellschaftliche Liberalisierung trotz vieler Spannungen häufig zusammen (siehe 84). Ist das eine besondere westliche Verbindung oder ein universeller Zusammenhang? Dafür ist die Entwicklung Chinas ein Testfall, und der Ausgang ist offen.

Teilweise hat sich diese Annahme bereits bestätigt, denn aus der geschlossenen Parteidiktatur und einer Epoche der brutalen Umerziehung und Gewalt während der «Kulturrevolution» Maos ist ein Regime geworden, das dem Namen und Selbstverständnis nach zwar noch kommunistisch ist und auf der Steuerung durch die Partei beruht, sich jedoch von der stalinistischen Sowjetunion und ihren Satelliten-Diktaturen nach dem Zweiten Weltkrieg, einschließlich der DDR, klar unterscheidet. Die Grenzen des Landes sind offen, seine jungen Eliten studieren an amerikanischen Universitäten, der Lebensstil in den Metropolen ist freizügig und «westlich», jedenfalls von dem in asiatischen Demokratien wie Japan oder Südkorea nicht auf Anhieb zu unterscheiden. Braucht man dann überhaupt ein Mehrparteiensystem, eine pluralistische Wahl- und Wettbewerbsdemokratie? Wenn sich die Liberalisierung Chinas fortsetzt und über einen konsumorientierten Lebensstil hinausgeht, könnte eine offene und freie Gesellschaft entstehen, die ohne den institutionellen Kern der westlichen Demokratien auskommt.

Aber genau diese Grenze zwischen kultureller und politischer Freiheit wird von dem Regime bisher noch scharf überwacht. Das Internet ist nicht frei, und Bürgerrechtler landen im Gefängnis. Immer neue Antikorruptionskampagnen versuchen der Ineffizienz und mangelnden Legitimität der Parteiherrschaft zu begegnen, aber demokratische Transparenz oder eine echte Gewaltenteilung sehen anders aus. Der Hinweis, die chinesische Kultur unterscheide sich grundlegend von der westlichen, etwa durch die Traditionen des Konfuzianismus, durch einen Akzent auf Konsens statt Konflikt, auf Gemeinschaft statt Individuum, ist nur teilweise überzeugend. Denn auch in Europa, nicht zuletzt in Deutschland, mussten und konnten

Konflikt und Individualismus gelernt werden, und es gibt Modelle wie die Konkordanzdemokratie (siehe 9), die einer konsensorientierten Kultur entgegenkommen. Außerdem haben andere ostasiatische Staaten und Kulturen wie Japan und Korea den Schritt in die Demokratie erfolgreich vollzogen. Schließlich hat sich auch in der Volksrepublik China eine Demokratiebewegung gebildet, die im Juni 1989 auf dem Tiananmen-Platz in Peking blutig niedergewalzt wurde. Das wirkt als traumatische Einschüchterung bis heute fort. So bleibt eine schrittweise Öffnung, die an den Grenzen demokratischer Institutionen haltmacht, aber Fortschritte zum Beispiel für die Rechtssicherheit und den Rechtsstaat bringt, zunächst das wahrscheinlichste Szenario.

81. Sind Islam und Demokratie unverträglich? Im Dezember 2010 begann es mit Protesten in Tunesien, in den ersten Monaten des folgenden Jahres breitete sich der «Arabische Frühling» über ganz Nordafrika bis nach Ägypten und weiter nach Westasien, in den Nahen Osten und auf die arabische Halbinsel aus. Der Aufstand richtete sich gegen halbfeudale Monarchien ebenso wie gegen autoritäre Präsidialregimes wie das Mubaraks in Ägypten oder Assads in Syrien und brachte in Libyen einen der schillerndsten Diktatoren der Neuzeit, Muammar al-Gaddafi, zu Fall. In Europa weckte die Aufstandsbewegung große Sympathien und die Hoffnung auf mehr Demokratie in dieser Region. Dahinter stand immer zugleich die Frage nach der Demokratiefähigkeit der islamischen Religion und Kultur, die den arabischen Raum prägt. Dabei erhielten fundamentalistische Strömungen wie die Muslimbruderschaft in Ägypten gerade durch die Welle von Protest und Mobilisierung erst die Luft zum Atmen, die ihnen ein autoritär-säkulares Regime bisher genommen hatte.

Die Frage nach der Demokratiefähigkeit des Islam ist Ergebnis einer neuartigen Konfrontation mit dem Westen, die auf beiden Seiten zu einem «Kampf der Kulturen» (Samuel P. Huntington) stilisiert worden ist. Dahinter stehen Spätfolgen der Dekolonisation, also der Auflösung der westlichen Vorherrschaft im Orient, und Verschiebungen im politischen Islam. Für beides ist die Islamische Revolution im Iran von 1979 das Schlüsselereignis. Die Herrschaft der Taliban in Afghanistan und der globale Terrorismus von Al-Qaida, neuerdings auch die Terrormiliz des «Islamischen Staats», stehen inzwischen als Symbole für die extreme Radikalisierung in Teilen des Islam und den dort vertretenen Anspruch auf unmittelbare politische Realisierung von Religion mit antiwestlicher Stoßrichtung.

Zwar repräsentieren solche Richtungen nicht die Mehrheit der Muslime, aber den Chancen auf Demokratie, Menschenrechte und Stabilität in der Region haben sie trotzdem großen Schaden zugefügt. Auf welche Strömung des Islam man auch schaut – mit einer demokratischen Regierungsform scheint es nur geringe Schnittmengen zu geben. Möglicherweise ist das aber eher ein regionales als ein religiöses Problem: Koloniales Erbe, altertümliche Gesellschaftsstrukturen und schwache Staatsbildungsprozesse stehen der politischen Entwicklung im arabischen Raum mindestens ebenso entgegen. Rückständigkeit und Demokratiefeindschaft sind zum Teil gerade dort besonders groß, wo politisch und militärisch die Verbindung zum Westen gepflegt wird, wie in Saudi-Arabien und den Emiraten. In Südostasien zeigen Staaten wie Malaysia und Indonesien, dass Demokratie auch in mehrheitlich islamischen Ländern möglich ist, und das nicht nur als formale Wahldemokratie, sondern im Sinne einer halbwegs offenen, liberalen Gesellschaft. Dennoch steht der Islam innerhalb kurzer Zeit vor Lernprozessen, für die das Christentum und der Westen mehrere Jahrhunderte gebraucht haben: die Einsicht in die Trennung von weltlicher und religiöser Sphäre, den Verzicht auf den Absolutheitsanspruch einer bestimmten Religion und die Anerkennung der Religionsfreiheit, die Gleichberechtigung der Geschlechter.

82. Wird es in Zukunft eine Weltdemokratie geben? Vielleicht würde eine Weltdemokratie voraussetzen, dass zunächst alle Staaten der Welt sich eine demokratische Verfassung geben. Aber unabhängig davon hat die Erwartung einer globalen Demokratie und Friedensordnung schon seit dem späten 18. Jahrhundert die Phantasien beflügelt. Während des Zweiten Weltkriegs und kurz nach ihm erreichten solche Bestrebungen einen Höhepunkt – nicht zufällig im Schatten einer neuen Dimension von Gewalt und des deutschen Versuches, eine antidemokratische und rassistische Weltherrschaft zu errichten. Intellektuelle und Schriftsteller wie Thomas Mann (1875–1955) und später seine Tochter, Elisabeth Mann Borgese (1918–2002), setzten sich für Weltregierung und Weltverfassung ein. In den 1960er Jahren griffen die Utopien bereits über die Erde hinaus: Die amerikanische Science-Fiction-Serie «Star Trek» zeigte eine Friedensordnung der Zukunft, in der das «Raumschiff Enterprise» im Auftrag einer «Vereinten Föderation der Planeten» unterwegs war.

Seitdem hat sich Ernüchterung breitgemacht. Wenn es den Weg zur Weltdemokratie gibt, ist er länger und komplizierter als ursprünglich angenommen. Die Nationalstaaten, die in der Mitte des 20. Jahrhunderts (und häufig mit guten Gründen) als Hindernisse sowohl innerer Freiheit als auch internationaler Verständigung galten, haben sich nicht nur behauptet, sondern in vielen Teilen der Welt, auch in Ostmitteleuropa nach 1989, als primärer Rahmen und Garant einer freien Verfassung neu erfunden. Wie auf der europäischen Ebene vollziehen sich Kooperation und Integration nicht in einer quasi-staatlichen Weltordnung. Die Vorstellung, eine Weltdemokratie wäre so ähnlich aufgebaut wie ein demokratischer Nationalstaat, mit einem Welt-Volk, Welt-Parlament und Welt-Präsidenten, hat sich bisher nicht bestätigt und ist auch für die Zukunft höchst unwahrscheinlich.

Immerhin sind die Vereinten Nationen (UN), als Nachfolgerin des Völkerbunds, 1945 aus der Erfahrung von Nationenhass und zwei Weltkriegen hervorgegangen. Allen Krisen und ihren begrenzten Handlungsmöglichkeiten zum Trotz haben sich die Vereinten Nationen auch in einer Welt, die keineswegs insgesamt demokratisch geworden ist, als die real existierende Weltdemokratie behauptet. Der Historiker Paul Kennedy nennt sie das «Parlament der Menschheit» und meint damit nicht nur die Vollversammlung, die als Vertretung der Mitgliedstaaten weit von einem echten Parlament entfernt ist, sondern im übertragenen Sinne das gesamte Geflecht von Institutionen und Organisationen, das sich zur Regulierung des globalen Zusammenlebens herausgebildet und an die Vereinten Nationen angelagert hat. Neben das Ziel der Friedenswahrung trat sehr schnell, mit der «Allgemeinen Erklärung der Menschenrechte» vom 10. Dezember 1948, die Sicherung elementarer Menschenrechte; Bildung, Ernährung und Gesundheit haben sich als Schwerpunkte konkreter Weltpolitik der UN etabliert. Obwohl die Vereinten Nationen weder eine Demokratie sind noch ihre Mitgliedstaaten auf die liberale Demokratie als Staats- und Regierungsform verpflichten, zeigt ihre innere Verfassung Merkmale einer «post-klassischen» Demokratie, die auch in Nationalstaaten Einzug gehalten haben: gerade in der Uneinheitlichkeit des institutionellen Aufbaus und im Gewicht außerparlamentarischer Institutionen der *governance*.

83. Was ist gute Regierungsführung? Das ist ein neues Zauberwort der internationalen Politik – nicht nur der Politik im engeren Sinne, denn *good governance*, so der englische Begriff, ist auch Maßstab der Unternehmensführung in der Wirtschaft, für die Leitung großer Organisationen und vieles mehr. Im Vordergrund stehen elementare Regeln des Regierens und Führens: die Vermeidung von Korruption, bei der Eliten sich auf Kosten des Volkes maßlos bereichern, Transparenz und Verantwortlichkeit. Man kann diese Kriterien eher «technisch» verstehen, als Einbau institutioneller Sicherungen und mit dem Ziel der Steigerung von politischer und wirtschaftlicher Effizienz. Aber oft schwingt ein ethischer Ton mit, ein normativer Maßstab, zumal das harmlose Wörtchen «gut» an Grundfragen der philosophischen Ethik wie der nach dem guten Leben rührt.

Seit den 1990er Jahren haben internationale Organisationen wie die Weltbank, der Weltwährungsfonds (IMF) und die Vereinten Nationen Grundsätze einer «guten Regierungsführung» schriftlich fixiert und zum Maßstab ihrer Politik gemacht, nicht zuletzt für die wirtschaftliche und finanzielle Unterstützung von Ländern der Dritten Welt. Ein Kredit wird nur gewährt, wenn man sicher ist, dass der Diktator und seine Freunde damit nicht bloß ihren Villenbesitz und ihren Fuhrpark bereichern. Vielmehr soll die Bevölkerung davon profitieren, vom Bau einer Straße oder einem besseren Gesundheitssystem. Insofern misst sich *good governance* in der internationalen und Entwicklungspolitik nicht nur an einer makellosen Regierungstechnik, sondern auch an konkreten Leistungen, an Verbesserungen für die Menschen.

Ist all das von Demokratie so weit entfernt? Zugespitzt: Warum fordert man nicht gleich einen Rechtsstaat, freie Wahlen und Gewaltenteilung, statt unverbindlicher von Transparenz und Verantwortlichkeit zu reden? Will man autoritären Regimes auf der internationalen Bühne nicht zu nahe treten? Tatsächlich schwingt in dem Konzept eine aus Erfahrung gewonnene Zurückhaltung mit, nichtwestlichen Ländern die westliche Demokratie in ihrem Standardpaket aufzudrängen. Wichtiger noch ist die Erkenntnis: Demokratie ruht auf Regeln, die ihr auch in der europäischen Geschichte meist vorausgegangen sind. Verlässliche Aktenführung, Rechtsbindung, ein geordneter Haushaltsplan – das erarbeiteten sich die europäischen Staaten schon in der Frühen Neuzeit, während *failing states* daran heute noch scheitern. So gesehen ist eine Politik der *good gover-*

nance sehr wohl Demokratieförderung, denn die Maßstäbe der westlichen Demokratie bleiben als Fluchtpunkt erkennbar. Aber gerade das kann ein Problem sein. Denn selbst in der bescheideneren Form können die Prüfkriterien der guten Regierungsführung, die ja überwiegend vom Westen ausgehen, von den betroffenen Ländern als spätkoloniales Kontrollregime empfunden werden. So spiegeln sich in diesem Konzept die Hoffnungen und Widersprüche einer globalen Demokratisierung jenseits des Westens.

X Schwierige Demokratie

84. Ist der Kapitalismus der Feind der Demokratie? Setzen sich die globalen Unternehmen über die hilflos gewordene nationale Politik hinweg? Treiben die Aktien- und Finanzmärkte, wie in der europäischen Staatsschuldenkrise von 2011, die Parlamente und demokratischen Regierungen vor sich her? Eröffnet der Kapitalismus noch Freiheitsspielräume oder schnürt er sie ein? Das Verhältnis zwischen Kapitalismus (oder: Marktwirtschaft) und Demokratie gehört zu den heißesten Streitfragen des frühen 21. Jahrhunderts. Manche sehen die Zukunft der Demokratie grundsätzlich durch die Expansion des Kapitalismus gefährdet. Die «marktkonforme Demokratie», von der Bundeskanzlerin Angela Merkel im September 2011 sprach, droht als Schrumpfform eines großen Versprechens.

Es ist erstaunlich, wie weit die Auffassungen in dieser Debatte auseinandergehen, nicht erst in den letzten Jahren. Für die einen gehören Demokratie und Marktwirtschaft unauflöslich zusammen. Die Marktwirtschaft steht zwar nicht im Grundgesetz, lässt sich aber aus seinem Freiheitsverständnis und Menschenbild ableiten. In jedem Fall gehört sie, mit dem «Godesberger Programm» der SPD von 1959, zum Gründungskonsens der Bundesrepublik: «So viel Markt wie möglich, so viel Staat wie nötig», hieß es da. Spätestens in den 1990er Jahren haben sich auch die Grünen diesem Konsens angeschlossen. Dagegen stehen die vielen Varianten von Markt- und Kapitalismusskepsis, die manchmal unter Intellektuellen besonders gepflegt wird, aber weit in die Mitte des politischen Spektrums hineinreicht.

Historisch und systematisch gesehen, haben beide Positionen recht. Kapitalismus und Demokratie haben sich gemeinsam entwickelt, im Gegensatz zu Feudalismus und ständischer Gesellschaft. Sie teilen Grundprinzipien wie die individuelle Freiheit und die Gleichheit vor dem Gesetz. Für beide ist die Verankerung in einer Rechtsordnung entscheidend, die höher stehen soll als Willkür oder persönliche Vorlieben. Das Prinzip des Wettbewerbs, der verschiedenen «Anbieter» in offener Konkurrenz ist unabdingbar für die pluralistische Demokratie. Das Spiegelbild davon ist die Verbindung von Kapitalismus- und Demokratiefeindschaft, die in der deutschen Geschichte sogar eine besonders starke Tradition hat, von der altkonservativen und radikalen Rechten bis zur KPD der Weimarer Republik.

Andererseits haben Kapitalismus und Unternehmertum häufig nicht zu den besten Anwälten der Demokratie gehört. Von der Ungleichheit des Verhältnisses von Lohnarbeit und Kapital einmal abgesehen, traten sie für elitäre, exklusive oder obrigkeitsstaatliche politische Ordnungsmodelle ein. Erst in der Bundesrepublik bekannten sich die Unternehmerverbände eindeutig zur parlamentarischen Demokratie. Vieles von dem, was heute demokratische Selbstverständlichkeit ist, haben erst radikale Bewegungen erkämpft, nicht nur gegen Fürsten und Adlige, sondern auch gegen Unternehmer und ihre Interessen: ein gleiches, nicht vermögensabhängiges Wahlrecht, das Streikrecht, Mitbestimmung im Betrieb und wichtige Säulen des Sozialstaats. Außerdem ist der Kapitalismus mindestens ebenso wandlungsfähig wie die Demokratie. Die Auflösung nationaler Ökonomien in der Globalisierung und die «Finanzialisierung» des Kapitalismus, also die Verlagerung seines Angelpunkts von der Real- in die Finanzwirtschaft, waren in dem klassischen Verhältnis von Demokratie und Marktwirtschaft nicht vorgesehen, wie es den Vordenkern der Sozialen Marktwirtschaft um 1950 vorschwebte. Trotzdem ist schwer zu sagen, ob die Spannung zur Demokratie damit größer wird, als sie in der Ära des «Manchesterkapitalismus» zwischen 1840 und 1880 oder in den 1920er Jahren war.

Kapitalismus braucht die Demokratie nicht: Das haben zahllose autoritäre Staaten und Diktaturen, von Deutschland über Lateinamerika bis Asien, immer wieder bewiesen. Braucht die Demokratie den Kapitalismus? Jedenfalls hat es eine stabile Demokratie ohne im Grundsatz marktwirtschaftliche Ordnung der Wirtschaft bisher noch nirgends gegeben, auch wenn europäische Staaten wie Schweden oder Frankreich mehr Staatsintervention und Sozialstaat praktizieren. Der Kapitalismus bleibt also ein feindlicher Freund der Demokratie, solange nicht ganz neue Formen von freiheitlicher Wirtschaft entstehen. Die Ökonomie des Teilens (*Sharing*) und der Gemeingüter (*Commons*) könnte in diese Richtung weisen.

85. Mit wie viel sozialer Ungleichheit ist Demokratie vereinbar?
In den westlichen Demokratien nehmen die Unterschiede zwischen Arm und Reich zu. Seit den 1980er Jahren wächst der Abstand zwischen Oben und Unten, allerdings nicht als Verarmung der Ärmsten oder tiefer Fall einer Mittelschicht, die ins «Lumpenproletariat» absinkt, wie Karl Marx einst prophezeit hatte. Die Mittelschicht stag-

niert, die Vermögenden werden immer reicher. Bildlich gesprochen, zieht sich die Spitze der Gesellschaft wie eine Antenne immer weiter nach oben aus. Kann die Demokratie das aushalten, oder verliert sie ihre Glaubwürdigkeit?

Extreme Ungleichheit kann für jedes politische System gefährlich sein. Im antiken Rom sollte das Volk mit «Brot und Spielen» bei Laune gehalten werden. Diktaturen des 20. Jahrhunderts bemühten sich besonders um Gleichheit, auch wenn es, wie im Nationalsozialismus, nur eine pseudo-egalitäre Politik für die «Volksgenossen» war. Insofern halten Demokratien sogar ein höheres Maß an Ungleichheit aus, gerade weil sie auf dem Konsens der Regierten beruhen. Andererseits müssen sie höheren Ansprüchen genügen, weil die Gleichheit mit der Freiheit zu ihrem genetischen Code gehört (siehe 34) und sie sich den Traum von einer «Gesellschaft der Gleichen» (Pierre Rosanvallon) seit mehr als zweihundert Jahren auf die Fahnen geschrieben haben. Auch muss eine Gesellschaft, die sich selber regiert, Ungleichheit zwischen ihren Mitgliedern schärfer rechtfertigen.

Je nach Tradition und kulturellem Selbstverständnis können Demokratien mit sehr unterschiedlichen Graden von Ungleichheit sehr gut leben. Die Unterschiede zwischen Arm und Reich sind in den USA viel krasser als in Skandinavien, aber deshalb ist die amerikanische keine schlechtere Demokratie. Die sozialökonomische Gleichheit steht dort überhaupt nicht so zur Debatte wie in Europa; viel wichtiger ist den Amerikanern die Gleichheit von Rechten. Die Ungleichheit der Verteilung, die Sozialwissenschaftler häufig mit dem Gini-Index ausdrücken, ist ohnehin kein Maßstab für politische Entwicklung und Partizipationschancen: Dynamische Gesellschaften, in denen viele, aber eben nicht alle Menschen aus breiter Armut in die Mittelschicht aufsteigen, werden für die Statistiker ungleicher. In den ostdeutschen Bundesländern ist die (Verteilungs-)Ungleichheit größer als in der DDR, aber das ist ja gerade Ergebnis der Demokratisierung, des Ausgangs aus Diktatur und Unfreiheit. Wenn man einen materiellen Maßstab anlegt, ist die Frage nach dem Mindestniveau der sozialen Sicherung, nach dem Lebensstandard in unteren Schichten der Bevölkerung vielleicht wichtiger als der Abstand der Ärmsten zu den Superreichen. Diese Marke liegt kaum irgendwo höher als in den westlichen sozialstaatlichen Demokratien. Sie lässt sich außerdem, wie das in den letzten Jahren zunehmend geschieht, nicht nur rein materiell interpretieren. Die Frage ist dann: Haben auch die

Ärmsten eine faire Chance auf Teilhabe an der Gesellschaft, auf Arbeit und Bildung und Freizeit, und sehen sie einen Sinn darin, sich politisch zu engagieren?

Hier liegt das wohl größte Problem im Spannungsfeld von Ungleichheit und Demokratie. Die Wahlbeteiligung sinkt nicht so sehr bei den gut Gebildeten und Chancenreichen, sondern in den unteren Schichten, die sich abgehängt und machtlos fühlen. Die neuen Formen der partizipatorischen Demokratie, der Proteste und Bürgerinitiativen und *advocacy*-Gruppen, sind erst recht ein Aktionsraum der gebildeten Mittelschichten. Die Demokratie gerät in eine gefährliche Schieflage, wenn nur noch die oberen zwei Drittel der Gesellschaft sie aktiv tragen.

Im Übrigen kann man sehr gut für mehr Umverteilung oder eine höhere Besteuerung der Reichen eintreten. Dadurch wird die Gesellschaft gleicher – das ist ein legitimes Ziel. Aber sie wird dadurch nicht unbedingt demokratischer.

86. Muss Lobbyismus verhindert werden? Abgeordnete im Parlament müssen sich unabhängig ihre Meinung bilden können; von Interessengruppen dürfen sie dabei nicht beeinflusst, geschweige denn unter Druck gesetzt werden. Das Wort Lobbyismus leitet sich von dem englischen Ausdruck für Foyer oder Eingangshalle ab. («Wandelhalle» sagte man früher dazu.) Vor dem Sitzungssaal konnte man Abgeordnete vor der Abstimmung sprechen und ihnen die eigene Sicht der Dinge darlegen. Seit dem späten 19. Jahrhundert organisierten sich Interessenverbände nicht zuletzt zu diesem Zweck: um die Interessen ihrer Mitglieder, seien es die bayerischen Bauern oder die Unternehmen der Schwerindustrie, zu bündeln und möglichst wirkungsvoll in die politischen Entscheidungsprozesse zu tragen. Im klassischen Modell der liberalen Demokratie ist das überhaupt nichts Anrüchiges, sondern ein geradezu unverzichtbarer Teil von ihr. Menschen handeln nicht alleine, sondern bündeln ihre Interessen, weil auch andere Arbeiter oder Handwerker, Katholiken oder Autofahrer, Rentner oder chronisch Kranke sind. Man muss nicht selber dem Abgeordneten schreiben, sondern der Verband stationiert einen Profi, den Lobbyisten, in der Nähe des Regierungsviertels. Im Idealfall sind so alle Interessen vertreten, sogar für jeden Einzelnen mehrfach, zum Beispiel einen katholischen autofahrenden Rentner.

Aber so harmonisch ist die Realität nicht immer. In Deutschland bereitete die Macht der Interessenverbände schon im Kaiserreich und in der Weimarer Republik Sorgen. Der Bauernverband und einige Industrieverbände übten großen Einfluss auf die Politik aus. Eine solche enge Verflechtung von Verbänden und Politik nennt man Korporatismus. In der frühen Bundesrepublik setzte sich dieses Modell fort. Der Politikwissenschaftler Theodor Eschenburg (1904–1999) warnte schon 1955 vor einer «Herrschaft der Verbände». Besonders problematisch ist, wenn sich die Macht der Verbände und der Lobbyisten in der Vertretung von Unternehmensinteressen konzentriert. So nehmen wir den Lobbyismus häufig wahr: als Beeinflussung von Regierung und Gesetzgebung durch die Pharma-, Rüstungs- oder Agrarindustrie, die Profitinteressen einer kleinen Minderheit, nicht die Interessen der Mehrheit oder das Allgemeinwohl verfolgen.

Deshalb wird die Funktion des Lobbyismus in der Demokratie heute kritischer gesehen. Überhaupt fühlen sich viele Menschen durch große Verbände nicht mehr so vertreten wie früher (und gehören ihnen nicht mehr als Mitglied an). Die neuen Interessen der Zivilgesellschaft (siehe 53) haben mit ihren Organisationen zwar ebenfalls Büros und «Lobbyisten» in der Hauptstadt, verstehen sich selber aber nicht so, weil sie keine kommerziellen Interessen vertreten oder überhaupt nicht für eigene Interessen, sondern für den Schutz von anderen (zum Beispiel sozial Benachteiligten oder Flüchtlingen) eintreten. Eine scharfe Unterscheidung zwischen «bösem» Lobbyismus und «guter» bürgerschaftlicher Interessenwahrung (oder *advocacy*) ist jedoch nur schwer möglich. Deshalb wird jede Form der Interessenvertretung und des Versuches, politische Entscheidungen zu beeinflussen, auch in Zukunft zur Demokratie gehören. Umso wichtiger sind Kontrolle und Transparenz, für die sich Organisationen wie die 2005 gegründete *LobbyControl* einsetzen.

87. Schaden die Massenmedien der Demokratie? Jeden Tag eine Zeitung lesen, sich in unabhängiger Presse selber eine politische Meinung bilden: Das war vor allem im 19. Jahrhundert eine der großen demokratischen Hoffnungen. Kaum eine Forderung stand bei den Liberalen und Republikanern höher als die nach der Pressefreiheit, und ohne die gedruckten «Massenmedien», auch wenn ihre Auflage nach späteren Maßstäben gering war, sind die Revolutionen des späten 18. Jahrhunderts und von 1848/49 schwer vorstellbar. In Anlehnung an die drei Säulen der Gewaltenteilung (siehe 6) bezeichnete man die Presse deshalb gerne als «vierte Gewalt», also als einen zusätzlichen Pfeiler der Demokratie: im Sinne einer offenen Sphäre des bürgerlichen Diskurses, aber auch der unabhängigen Kontrolle von Parlament, Regierung und Justiz. In den frühen Jahren der Bundesrepublik nannte der Gründungsherausgeber des «Spiegel», Rudolf Augstein (1923–2002), sein neuartiges investigatives Nachrichtenmagazin ein «Sturmgeschütz der Demokratie».

Seit dem späten 19. Jahrhundert jedoch entstanden neue Formen der Presse, die vielen als bedrohlich erschienen. Zeitungen waren nicht nur informativ, kritisch, politisch, sondern befriedigten ein Bedürfnis nach Unterhaltung, Sensation, ja Flucht aus der schwierigen Politik. Die *Yellow Press* in Amerika oder England, die Boulevardpresse in Deutschland, die Triviales als Nachricht vermarktet, oder die Nachrichtenformate im privaten Fernsehen, in denen Politik von Katastrophen und *Society-News* verdrängt wird: Das sind Massenmedien, die entpolitisieren statt aufklären. Aber ist nicht auch triviale Unterhaltung legitim? Und wie ließe sich das regulieren, ohne die Pressefreiheit zu gefährden? – Eine zweite Sorge, die sich als breite Spur durch die letzten hundert Jahre zieht, gilt der zunehmenden Konzentration in Presse und Massenmedien und ihren kapitalistischen Betriebsformen. Beispiele reichen vom amerikanischen Zeitungsimperium Randolph Hearsts über die konservativ-republikfeindliche Medienmacht Alfred Hugenbergs in der Weimarer Republik bis zu den digitalen Großmächten von Google oder Amazon. Das kann die Vielfalt der Meinungen bedrohen, oder Profitinteressen höher stellen als journalistische Qualität, oder unmittelbar als Machtfaktor die Politik beeinflussen. So kann der Begriff der «vierten Gewalt» auch eine Anmaßung bedeuten, unter der die regulären Institutionen und Verfahren der Demokratie leiden. Der CDU-Politiker Friedrich Merz behauptete vor einigen Jahren, die Talkshow von Sabine Christiansen beeinflusse die politische Agenda in Deutschland inzwischen mehr als der Bundestag. Aber seitdem sind die Talkshow-Formate im Sinkflug, während das Parlament sich als viel dauerhafter erweist.

Das Internet verändert auch das Verhältnis von Massenmedien und Demokratie grundlegend. Die Leitmedien des 20. Jahrhunderts, neben der Presse das Radio und später das Fernsehen, funktionierten nach dem Modell von Sender und Empfänger: Die Mediennutzer konsumierten nur passiv, was aus der Sendezentrale in ihr Wohnzimmer gelangte. Das machten sich Diktaturen wie der Nationalsozialismus zunutze, wo das Radio «Volksempfänger» für Ideologie und Politik des Regimes war. Mit dem Web 2.0 und den sozialen Medien löst sich die klassische Struktur des kollektiven «Massen»-Mediums auf; Individualisierung und Partizipation erhalten neue Chancen. Aber die zunehmende Verdrängung der gedruckten Presse kann dem demokratischen Diskurs nachhaltig schaden.

88. Ist Demokratie «nur Schau», bloßes Theater? Diese Klage kann vielfältiges Unbehagen ausdrücken. Zuallererst ist es das Gefühl eines zu weiten Abstands der Politiker von den Bürgern und eines verlorenen Realitätsbezugs der Politik: Da wird etwas gespielt, dem man nur hilflos zuschauen kann; da wird gegaukelt und vorgetäuscht und sich verkleidet. Oft verbindet sich damit eine Kritik an den Massenmedien, die zur Transformation von Wirklichkeit in bloßen Schein, von Substanz in Abbildung, beitrügen. Neben der Produktion einer Scheinwirklichkeit stehen zwei weitere Vorwürfe, aus unterschiedlichen Richtungen der Demokratietheorie: Wer Politik, und demokratische erst recht, am Maßstab von Vernunft und guten Argumenten misst, wird die äußere Inszenierung als Ablenkung von der Sache verstehen. Und wer Politik als Konflikt, als Kampf von Interessen definiert, wird das Spiel auf der politischen Bühne als Verschleierung, als bewusste Ablenkung von Machtverhältnissen begreifen.

Es kommt hinzu, dass die Deutschen nach der Erfahrung einer durch Adolf Hitler bewusst theatralisch inszenierten politischen Verführung skeptisch gegenüber der großen Geste und ihrer suggestiven Wirkung auf das Publikum geworden sind. Doch die neuere Politikforschung weist darauf hin, dass wir das theatralische Element der Politik nicht nur ernster nehmen, sondern auch demokratisch wertschätzen sollten. Die Bühne, die gekonnte Inszenierung: Das kann Themen und Konflikte deutlicher hervortreten lassen, es kann Volk und politische Führung in einen engen Kontakt bringen, es betont die Präsenz, die Öffentlichkeit der Aushandlung von Politik. Politik als Theater ist für die Demokratie sogar wichtiger als für andere Regimeformen. In ihr kommt es auf die persönliche Präsenz an, auf den Augenblick des Erlebnisses unter Zuhörern und Zuschauern. Das Parlament ist die demokratische Bühne par excellence, auch wenn man das Fehlen guter «Schauspieler», also brillanter Redner, beklagt.

Jedenfalls ist nicht nur die Geschichte von Diktaturen voll von theatralischen Momenten, die erhebliche Wirkung entfaltet und sich ins Gedächtnis eingebrannt haben, mithin zur Identitätsstiftung der Demokratie beitragen. Konrad Adenauer tritt am 21. September 1949 auf den Teppich, der eigentlich den Siegermächten vorbehalten war. Willy Brandt fällt am 7. Dezember 1970 in Warschau, am Denkmal für den Warschauer Aufstand, auf die Knie. Helmut Kohl und François Mitterand reichen sich am 22. September 1984 in Verdun die Hände zur Versöhnung: Das sind drei solcher Momente aus der Geschichte der Bundesrepublik, und bei jedem von ihnen ist viel über Kalkül, Pathos, Inszenierung gestritten worden. Das macht sie aber nicht «falsch», und ihre Wirkung ist davon nicht betroffen.

Nicht nur regierende Politiker inszenieren sich. Theatralität spielt in den neuen Formen der Demokratie, vor allem im zivilgesellschaftlichen Protest, eine zentrale Rolle. Martin Luther King mobilisiert Hunderttausende zum Marsch auf Washington am 28. August 1963 und fasziniert mit seiner Rede: «I have a dream». Oder im kleineren Maßstab: Demonstranten machen eine Sitzblockade, ketten sich an Bahngleise – nie geht es dabei nur um die Sache, also die Verhinderung eines Transports, sondern ebenso um die symbolische Inszenierung des Widerstands, einschließlich des Kalküls auf die beobachtenden Massenmedien. Die russische Rockband «Pussy Riot», die Frauen von Femen: Schauspieler für Menschenrechte und Demokratie. Nicht alles ist Theater, aber ohne solche Bühnen ist Demokratie kaum vorstellbar.

89. Ist die Frauenquote undemokratisch? Ein bestimmter Frauenanteil, möglichst 50 Prozent, in Führungsämtern politischer Parteien oder auf der Wahlliste, in Unternehmensvorständen oder bei der Besetzung von Professuren: Darüber wird seit gut zwei Jahrzehnten nicht nur in Deutschland intensiv diskutiert. Die Grünen, mit ihrer Wurzel in der neuen Frauenbewegung, setzten das Prinzip einer Geschlechterparität schon seit ihrer Gründungszeit um 1980 um. Die SPD führte 1988 eine 40-Prozent-Quote für Ämter und Mandate ein, die CDU 1996 ein schwächeres «Quorum» von einem Drittel. Zuletzt hat sich die Debatte von der Politik auf die Unternehmen verlagert, vor allem angesichts der in Deutschland besonders hartnäckig männlich dominierten Unternehmensvorstände.

Die moderne Politik der Quotierung begann in den USA während der 1960er Jahre. Um Frauen und um politische Repräsentation ging

es zunächst weniger – vielmehr vor allem, im Gefolge der Bürger-
rechtsbewegung, um die afroamerikanische Minderheit und ihren
fairen Zugang zu Arbeitsplätzen und zu höherer Bildung. Über die
affirmative action, also die aktive Unterstützung und Förderung von
Minderheiten im Zugang zu Hochschulen, wurde heftig gestritten.
Längst ist daraus eine globale Debatte geworden, in der außerhalb
Europas die gleichen Chancen ethnischer, nationaler oder religiöser
Minderheiten manchmal ebenso wichtig sind wie die von Frauen.
Spannungen zu anderen demokratischen oder freiheitlichen Grundprinzipien sind nicht zu leugnen. Eine Frauenquote ist in politischen
Parteien kein Problem, aber eine Änderung des Grundgesetzes, um
die Hälfte der Bundestagssitze weiblichen Abgeordneten vorzubehal-
ten, wäre kaum möglich. Immerhin gibt es Fortschritte im Plenarsaal: Von 1949 bis 1983 waren nie mehr als zehn Prozent der Bundestagsabgeordneten weiblich; 1998 wurde schon die 30-Prozent-Marke
übertroffen; seitdem geht es langsam voran (2014: 36,5 Prozent).

Quoten dürfen also nicht alles. Sie können an die Grenzen von Verfassung und Demokratiekultur stoßen, und sie geraten in Konflikt
mit anderen wichtigen Rechtsgrundsätzen. Aber letztlich drücken sie
eine Verschiebung im Koordinatensystem der modernen Demokratie
aus: Gleichheit und «Barrierefreiheit» der politischen Beteiligung
sind so wichtig geworden, gerade auch in der Gender-Dimension,
dass solche Instrumente benutzt werden dürfen und selber demokratisch legitim sind – bis sie vielleicht wieder überflüssig werden.

90. Was ist so schlimm am Populismus?

«Ein Gespenst geht um
in Europa – das Gespenst des Populismus»: So wird der berühmte
erste Satz aus dem Kommunistischen Manifest von Karl Marx und
Friedrich Engels heute oft abgewandelt. Populistische Bewegungen
und Parteien sprechen vor allem in Westeuropa, aber auch im post-
kommunistischen Osteuropa viele Menschen an, nicht zuletzt an der
Wahlurne. Im Zentrum steht ein Politiker – meistens ein Mann, selte-
ner eine Frau wie Marine Le Pen in Frankreich –, der mit seinen Bot-
schaften zum Hoffnungsträger gegen die etablierte Politik wird.
Manchmal wird eine bestehende Partei von ihrem Führer populis-
tisch umgeformt, wie die FPÖ in Österreich durch Jörg Haider. Oder
eine neue Partei entsteht wie aus dem Nichts, ohne den dichten Un-
terbau von Organisation und Milieu wie im klassischen Parteiensystem. Dafür war Silvio Berlusconi in Italien mit seiner Bewegung

«Forza Italia» (Vorwärts, Italien) ein Paradebeispiel. Die Reihe lässt sich fortsetzen mit Pim Fortuyn und Geert Wilders in den Niederlanden oder den Zwillingsbrüdern Kaczynski in Polen. In Deutschland konnten Populisten bisher kaum punkten. Ob die seit den Bundestagswahlen 2013 erfolgreiche «Alternative für Deutschland» das ändert, ist offen.

Gefährdet das die Demokratie? Immerhin lässt sich Populismus als «Bewegung des Volkes» übersetzen. Er entsteht häufig aus Unzufriedenheit über die Politik der etablierten Parteien und Verkrustungen von Hauptstadtpolitik, in der Menschen an der Basis sich nicht mehr wiedererkennen. Deshalb können solche Bewegungen eine wichtige Funktion als Korrektiv, in der Erneuerung und Revitalisierung von Demokratie übernehmen. So war es in den USA, wo am Ende des 19. Jahrhunderts die erste moderne populistische Bewegung und Partei entstand: als Protest von einfachen Leuten, vor allem Farmern im Süden und Westen des Landes, gegen die Fremdbestimmung durch kapitalistische Märkte und komplexe Organisationen in Politik und Gesellschaft. Genau darin liegt aber eine zentrale Gefahr bis heute: Populisten wehren sich gegen die oft komplizierten, widersprüchlichen Verhältnisse der Moderne. Sie sehnen sich nach klaren Verhältnissen und sind für das, was ihnen nicht behagt, schnell mit Schuldzuweisungen zur Hand. Der Feind kann etwas Großes, Anonymes sein: der Kapitalismus, die Europäische Union oder überhaupt eine freizügige Gesellschaftsordnung. Oder es findet sich eine soziale Gruppe als Sündenbock, als vermeintliche Quelle allen Übels. Früher waren das oft die Juden, heute sind es meist Migranten mit anderer Kultur, Religion oder Hautfarbe.

Deshalb stehen Populisten meist «rechts» und sind, wie im Falle des französischen *Front National*, von rechtsextremen oder gar neofaschistischen Parteien oft schwer zu unterscheiden. Mit Fremdenfeindlichkeit und Nationalismus wollen sie zu einer heileren Welt zurück. Aber es gibt auch Mischformen und einen Populismus von links. Der ältere amerikanische Populismus stand eher links von der Mitte (zumal die Sozialisten in den USA weithin erfolglos blieben), und in Venezuela hat Hugo Chavez einen linken, postsozialistischen Populismus zum Erfolg geführt. Die Wähler populistischer Parteien sind oft programmatisch diffus. Sie sind «Protestwähler» ohne langfristige Bindung an eine Partei oder Überzeugung. Gerade das ist eine wesentliche Ursache des Erfolgs solcher Parteien in Europa seit den

1990er Jahren: Die Parteiensysteme der Nachkriegsjahrzehnte lösen sich auf; manchmal kollabieren sie geradezu wie in Italien und den Niederlanden. Soziale Identitäten haben sich aufgelöst: Man ist nicht mehr Kommunist oder Katholik und wählt deshalb automatisch und lebenslang die passende Partei. Insofern ist der Populismus vieles zugleich: Er zeigt einen Wandel der Demokratie an, ist Herausforderung für die «etablierte» Politik – und in seinen extremistischen, nationalistischen und fremdenfeindlichen Zügen auch eine Gefahr.

91. Können demokratische Gesellschaften gewaltfrei sein? Straßenschlachten zwischen Demonstranten und Polizei, brutale Ausländerhatz, Terroranschläge, Todesstrafe, und Gewaltkriminalität sowieso – demokratische Gesellschaften sind kein Paradies der Friedfertigkeit. Gleichwohl vertreten sie selbstbewusst den Anspruch, andere Formen der Konfliktregulierung zu bevorzugen und sich darin von Willkür- und Gewaltregimes zu unterscheiden. Seit dem letzten Drittel des 20. Jahrhunderts ist Gewaltfreiheit erst recht zur kulturellen und zivilisatorischen Norm freier Gesellschaften geworden, bis hin zur Ächtung von Gewalt in familiären Beziehungen, zwischen Ehepartnern sowie Eltern und Kindern. Zum politischen Schlüsselwort erhoben es die Grünen um 1980, die «ökologisch, sozial, basisdemokratisch und gewaltfrei» sein wollten – schon sprachlich fällt hier die Nähe zur Demokratie auf. Doch soll damit keine «Friedhofsruhe» gemeint sein, für die autoritäre Regimes mit repressiven Mitteln sorgen können. Mit anderen Worten: Demokratische Gesellschaften können sogar gewalthafter sein als nichtdemokratische. Der aus Verfassung und individueller Freiheit abgeleitete Schusswaffengebrauch in den USA ist dafür ein viel diskutiertes Beispiel.

Aber Demokratien sehen sich der Freiheit von innerer Gewalt besonders verpflichtet und versuchen dieses Ziel auf verschiedene Weise zu erreichen. Am Anfang stehen grundrechtliche Normen: die *habeas corpus*-Idee, die Vorstellung von der Würde des Menschen und der Integrität und Unverletzlichkeit des Körpers (und im weiteren Sinne auch der Seele). Minderheiten sollen geschützt werden; rechtsstaatliche Normen sollen vor Willkür und Gewalt schützen; für die Bearbeitung von Konflikten sind besondere Verfahren vorgesehen, nicht zuletzt eine unabhängige Justiz. Das gilt nicht nur für Streitigkeiten zwischen den Bürgerinnen und Bürgern, sondern auch für den Schutz der Bürger vor staatlicher Gewalt. Staatliche Übergriffe in Verletzung dieses Prinzips kommen vor, aber insgesamt ist die Gefahr, frühmorgens verhaftet zu werden und nie wieder aufzutauchen, in Demokratien deutlich geringer als in Diktaturen.

Und wie friedlich müssen die Bürger sein? Dem Beispiel Gandhis folgend, schrieben sich die modernen Protestbewegungen, besonders die amerikanische Bürgerrechtsbewegung um Martin Luther King, die unbedingte Gewaltfreiheit auf die Fahnen, und 1989 ertönte in Leipzig der Ruf auf den Straßen: «Keine Gewalt». Das war (wie die Gewaltfreiheit des Grünen-Programms von 1980) ebenso eine Aufforderung an die Staatsmacht wie eine Mahnung in die eigenen Reihen, beim Protest friedlich zu bleiben. Aber womit beginnt Gewalt? Kalkulierte Illegalität wie bei Sitzblockaden und Landfriedensbrüchen gehört zum Arsenal des demokratischen Protests dazu, auch wenn sich die zeitweise propagierte Unterscheidung einer erlaubten «Gewalt gegen Sachen» und einer illegitimen «Gewalt gegen Personen» nicht rechtfertigen lässt. Sollte aber die Existenz der Demokratie selber auf dem Spiel stehen, dann haben «alle Deutschen das Recht zum Widerstand, wenn andere Abhilfe nicht möglich ist», so verspricht seit 1968 das Grundgesetz (Art. 20, Abs. 4). Das kann im Extremfall auch Gewalt einschließen. Aber eine Diktatur, gegen die nur noch gewalttätige Sabotage und Tyrannenmord helfen, ist am Anfang des 21. Jahrhunderts nicht mehr das wahrscheinlichste Szenario einer existenziellen Gefährdung der Demokratie.

92. Führen Demokratien niemals Krieg gegeneinander? Ein Vorzug demokratischer Staaten könnte sein, dass sie nicht nur im Inneren, gegenüber ihren eigenen Bürgerinnen und Bürgern, friedlich und rechtsstaatlich statt repressiv und gewaltsam auftreten, sondern auch nach außen, im Verhältnis zu anderen Staaten, zum Frieden neigen. Politikwissenschaftler haben das untersucht und herausgefunden: Demokratien sind nicht nur weniger kriegslüstern als Diktaturen und autoritäre Regimes. Sie führen überhaupt nie Krieg gegeneinander. Wenn diese These stimmt, wäre das ein zusätzliches starkes Argument dafür, die Welt möglichst demokratisch zu machen. Denn wenn es nur noch Demokratien gibt, gäbe es keine Kriege mehr. Diese Vision entwickelte schon Immanuel Kant in seiner Schrift «Zum ewigen Frieden» von 1795 und nannte dabei Gründe, die bis heute diskutiert werden: Despoten neigen mehr zum Missbrauch von Macht, die in Republiken rechtsstaatlich eingehegt und kontrolliert wird.

Konflikte werden durch Vernunft statt durch Willkür bearbeitet, und die Bürger tragen Verantwortung für die Folgen ihrer Entscheidungen – und wer möchte sich gerne selber die Leiden eines Krieges verordnen? Auch im Internationalismus der Arbeiterbewegung spielten solche Argumente, etwa im Umfeld des Ersten Weltkriegs, eine wichtige Rolle.

Den Vertretern dieser Theorie des demokratischen Friedens werden jedoch nicht nur einige Gegenbeispiele vorgehalten, sondern auch grundsätzliche Einwände. Vielleicht ist der Erfahrungszeitraum bisher zu kurz; so lange sind größere Teile der Welt, auch in Europa, ja noch nicht demokratisch. Es könnte auch sein, dass Demokratien nicht aus einer inhärenten Friedensneigung untereinander auf Krieg verzichten, sondern weil sie sich im 20. Jahrhundert strategisch miteinander verbündet haben, gegen andere Ideologien, Kulturen und Staatsformen. Zugespitzt formuliert: Wenn die westlichen Demokratien, etwa in Gestalt der NATO, selber ein politisch-militärisches Imperium bilden, erübrigt sich die Frage, warum Deutschland und England nicht (mehr) Krieg gegeneinander führen. Übrigens müssen auch Diktaturen und autoritäre Staaten nicht aggressiv-militärisch disponiert sein; Nazi-Deutschland und die Volksrepublik China trennen da Welten voneinander.

So ist die These, Demokratien führten nicht Krieg gegeneinander, zwar weithin richtig, aber möglicherweise weniger bedeutsam als andere Fragen von Krieg und Demokratie am Anfang des 21. Jahrhunderts. Gibt es überhaupt einen absoluten Vorrang der Friedfertigkeit und des Pazifismus, wenn die Sicherheit der eigenen Bürgerinnen und Bürger bedroht ist? Das war das Argument nicht nur der USA bei der militärischen Intervention in Afghanistan und im Irak seit 2001 bzw. 2003. Auch der damalige Bundesverteidigungsminister Peter Struck (SPD) erklärte 2002, Deutschlands Sicherheit werde «auch am Hindukusch verteidigt». Ein tiefes moralisches Dilemma werfen Verfolgung und Völkermord auf, die nur noch mit militärischen Mitteln zu stoppen sind. In der Debatte um Vertreibung und ethnische Gewalt im Kosovo 1999 setzte Außenminister Joschka Fischer (Die Grünen) dieses Dilemma in eine Beziehung zur deutschen Geschichte, als er das «Nie wieder Krieg» um sein «Nie wieder Auschwitz» ergänzte. Die militärische Aktivität von Demokratien hat in den letzten 25 Jahren, nach dem Ende des Kalten Krieges, eher zugenommen.

XI Hat die Demokratie eine Zukunft?

93. Sind Demokratien zu langsam und unfähig zur nachhaltigen Zukunftsplanung? Demokratie definiert sich geradezu durch begrenzte Zeit: als Übertragung von Herrschaft auf gewählte Vertreter für einen bestimmten Zeitraum – häufig sind es vier oder fünf Jahre, die typische Dauer einer parlamentarischen Periode oder einer präsidentiellen Amtszeit. Aber die Zeitlichkeit der Demokratie hat ihre Tücken. Manche Kritik wird seit langem vorgebracht: Die gewählten Politiker «schielen nur auf die nächsten Wahlen», das heißt, sie orientieren ihr Handeln an Gefälligkeiten, um ihre Beliebtheit zu steigern und wiedergewählt zu werden. Langfristige Ziele und übergeordnete Interessen haben dagegen kaum eine Chance. Dieser Einwand ist am Ende des 20. Jahrhunderts drängender geworden, weil die Menschheit (so scheint es uns jedenfalls) vor neuen und nie dagewesenen existentiellen Herausforderungen steht, die langfristiges Handeln, auch gegen kurzfristige Wählerinteressen, unbedingt nötig machen.

Ein Beispiel ist die rasant gestiegene Staatsverschuldung als Zeichen demokratischer Unfähigkeit, den Bürgerinnen und Bürgern (und Unternehmen) die realen Kosten staatlicher Leistungen aufzubürden, in Form höherer Steuern für Sozialleistungen, Verkehrswege, Bildung, innere und äußere Sicherheit. Ein anderer Schauplatz demokratischer Kurzatmigkeit ist die Politik der Ressourcen, des Klimawandels und der ökologischen Überlebensfähigkeit. Müssen wir nicht radikal umsteuern, so wie es eine Demokratie nie könnte, um das Ansteigen des Meeresspiegels und letztlich den Untergang der Menschheit zu verhindern? Möglicherweise, aber wir wissen es nicht genau. Die verständliche Mahnung, jetzt etwas Entscheidendes zu tun, setzt die Überzeugung von der einen Wahrheit, von der objektiv richtigen Erkenntnis dessen, was notwendig und für alle am besten ist, voraus. Auch wenn sich manche Probleme in der Zwischenzeit zuspitzen: Es bleibt kaum etwas anderes übrig, als zu diskutieren und «kleine Schritte» zu tun.

Aber ist die Volksrepublik China nicht ein eindrucksvolles Beispiel für Tempo und Effizienz eines autoritären Regimes, das sich Wahlen, geschweige denn langwierigen Bürgeranhörungen nicht stellen muss? Im Moment, für einige Jahrzehnte um die Wende zum 21. Jahrhundert, mag das so sein. Das ist weniger eine Herausforderung für die etablierten westlichen Wohlstandsdemokratien, sondern eher für Entwicklungsländer in Afrika, die sich im Blick nach Peking und Shanghai von den Vorzügen liberaler Demokratie schwerer überzeugen lassen. Zwar sind wir bisweilen neidisch, dass tausend Kilometer neuer Verkehrsinfrastruktur in China in fünf Jahren realisiert werden, während bei uns zehn Kilometer die dreifache Zeit benötigen. Das ist überwiegend keine Regimefrage, sondern eine der Entwicklungsstufen und des Sättigungsgrades. Immerhin lohnt es sich, über die Veränderung demokratischer Verfahren nachzudenken: Wie kann «Volkes Stimme» gehört und kontrovers diskutiert werden, ohne dass Entscheidungen auf unabsehbare Zeit blockiert werden?

Am Ende bleibt es ein Merkmal der Demokratie, dass sie Zeit braucht. Das gilt für eine rechtsstaatliche Justiz, deren Verfahrensdauer oft Staunen macht, ohne dass wir deshalb Schnellgerichte einführen wollten. Demokratie braucht Zeit auch gegenüber Kräften, die nach schnelleren Zeittakten verlangen, vor allem gegenüber den extrem beschleunigten Finanzmärkten und den Handlungsultimaten, die sie gegenüber der Politik in Zeiten der Krise durchsetzen möchten. Das Zeitproblem der Demokratie lässt sich nicht auflösen. Sie ist langsam und kurzatmig zugleich. Aber entgegen erstem Anschein ist keine andere Regierungsform darin auf Dauer besser. Insgesamt hat sie von der Postkutschenzeit bis zur Internetrevolution eine verblüffende Anpassungsfähigkeit an veränderte Kommunikations- und Zeitstrukturen bewiesen.

94. Wird die Demokratie zur Herrschaft der Alten? Der demographische Wandel verändert die europäischen Gesellschaften grundlegend. Steigende Lebenserwartung und stark gefallene Geburtenraten lassen das Durchschnittsalter der Bevölkerung auch in den nächsten Jahrzehnten weiter ansteigen. Deutschland steht mit an der Spitze dieses Trends. Lag das mittlere Alter (Median) nach dem Zweiten Weltkrieg bei etwa 35, ist es heute auf 45 gestiegen; ab 2030 wird die Hälfte der Bevölkerung älter als 50 Jahre sein. Würde eine Mehrheit von Menschen, die bereits im Ruhestand sind oder dem Renteneintritt entgegensehen, eine Politik zu ihren Gunsten und auf Kosten der Jüngeren, der nachwachsenden Generationen machen? Würden die Politiker lieber die Rente erhöhen, als in Bildung zu investieren?

Es gehört zu den großen politischen Gestaltungsaufgaben, die Gesellschaft und den Alltag «altersfest» zu machen. Das kann tatsächlich heißen: mehr Geld für barrierefreie Bahnhöfe oder für die soziale Betreuung hochbetagter Menschen. Problematisch wäre jedoch, wenn die ältere Mehrheit für eine Politik der Kurzfristigkeit optiert, die den langfristigen Interessen nicht nur der Jüngeren, sondern überhaupt einer nachhaltigen Zukunftsfähigkeit widerspricht: lieber konsumieren als investieren; und warum Energiewende, wenn das Öl noch bis an unser Lebensende reicht? Eine zweite Befürchtung wurzelt in kulturellen Klischees über die Lebensalter: Die Jugend ist dynamisch, kritisch, auch mal aufmüpfig; das Alter genügsam und konservativ. Wie soll die Demokratie da unter Feuer bleiben?

Bisher finden sich solche Sorgen um die demographische Sackgasse einer «Rentnerdemokratie» (Roman Herzog) jedoch kaum bestätigt. Die Alterung hat eine neue Debatte über das Generationenverhältnis ausgelöst, die mühelos an die Frage ökologischer Nachhaltigkeit andockt: Mehr denn je geht es um die langfristigen Perspektiven von Sozial- oder Energiepolitik, weit über die Lebenserwartung der Senioren hinaus. Und viele Altersbilder haben sich tatsächlich als Klischees erwiesen. Die Zyklen von Jung und Alt sind nicht strikt an das Lebensalter oder den statistischen Altersdurchschnitt gebunden. In der Frühzeit der Bundesrepublik zum Beispiel dominierte, nicht nur mit Konrad Adenauer, eine sehr alte Generation, weil die ältere und mittlere sich im «Dritten Reich» desavouiert hatte und viele jüngere Männer im Krieg gefallen waren.

Heute bleiben ältere Menschen erst recht politisch engagiert, nicht nur in Parteien, sondern auch in öffentlicher Kritik und praktischem Protest. Im Alter von über 90 Jahren hat Stéphane Hessel (1917–2013) in einem Essay «Empört Euch!» gerufen und damit das Engagement von Jüngeren rund um die Welt, zum Beispiel in der Occupy-Bewegung, befördert.

95. Leben wir schon in der Postdemokratie? Kein anderer Begriff hat die gegenwärtige Diskussion über Krisen der Demokratie so erfolgreich gebündelt. Sind die westlichen Staaten überhaupt noch im vollen Sinne Demokratien, oder sind sie schon in eine historische Phase *nach* der Demokratie eingetreten? 2008 erschien das Buch des britischen Politikwissenschaftlers Colin Crouch (geb. 1944) mit dem prägnanten Titel «Postdemokratie» in deutscher Übersetzung; schnell haben Medien und Öffentlichkeit dieses Diagnose-Schlagwort aufgegriffen. Wie viele andere, vor allem linke und marxistisch inspirierte Wissenschaftler sieht Crouch Ideale und Praxis der Demokratie seit den 1980er Jahren immer mehr gefährdet. Der Kapitalismus hat sich mit der neoliberalen Wende von seiner sozialstaatlichen und staatsinterventionistischen Zähmung befreit. Konservative und marktliberale Regierungen wie die Ronald Reagans in den USA und Margaret Thatchers in Großbritannien haben dieses Projekt gegen die Bürgerinnen und Bürger, im Interesse der Unternehmen und ihrer Profite, politisch umgesetzt. Die Globalisierung, die in dieser Sichtweise häufig als ein strategisch inszeniertes «neoliberales Projekt» erscheint, höhlt die Souveränität der Nationalstaaten und damit das Herz der klassischen Demokratie aus; im globalen Machtspiel aber haben die Menschen keine Stimme. Auch die digitale Revolution fügt sich hier ein, mit der globale Internetkonzerne wie Google die Autonomie der Politik unterlaufen oder gemeinsam mit Regierungsbehörden die Bürger entmündigen. Grundrechte, Wahlrecht und Parlamente werden nicht abgeschafft, aber sie verkommen zur bloßen Fassade – deshalb «Postdemokratie».

Der Begriff bündelt zahlreiche Fäden nationaler und globaler Veränderungen, die man in Deutschland ebenso wie in England, in den USA ebenso wie in Brasilien wiedererkennen kann. Und jeder dieser Fäden hat seine Berechtigung: Die Zeit um 1980 ist eine Zäsur in der Geschichte des Kapitalismus und der Wirtschaftspolitik, das digitale Datensammeln gefährdet Grundrechte, nationale Parlamente stoßen, wie in der Eurokrise von 2011, an die Grenzen ihrer Macht. Wenn damit manche Trends und ihre Folgen für die Demokratie überspitzt werden, ist das vielleicht nötig, um kritische Diskussionen in Gang zu bringen. Andererseits ist der Begriff irreführend und die Diagnose extrem einseitig. Zwar sind auch andere «Post-Begriffe» nicht wörtlich zu nehmen. So ist die Postmoderne eher eine andere Form der Moderne als ein radikaler Abschied von ihr.

Aber wie viele Theoretiker interessiert sich Crouch kaum für empirische Befunde, die ein anderes, vielschichtiges Bild zeichnen. Dazu zählt auch die Expansion demokratischer Partizipation – insbesondere seit den 1970er Jahren, in denen die westlichen Demokratien für Crouch bereits ihren Höhepunkt überschreiten und in Niedergang übergehen. Damals hatte der Aufstieg von Basisdemokratie und Protestbewegungen noch kaum begonnen, und Frauen spielten, außer als Wählerinnen, kaum eine politische Rolle. Dass die Bundesrepublik 1970 demokratischer gewesen sei als 2010, würde niemand ernsthaft behaupten. Mit der inflationären Rede von der «Postdemokratie» sollte man also vorsichtig sein, auch im Lichte früherer Verfallsdiagnosen, die sich nicht bestätigt haben. Postdemokratie lässt Krisen und Gefahren in schärferem Licht erscheinen, aber eine Überschrift über Zustand und Richtung von Politik und Gesellschaft ist das nicht.

96. Wie funktioniert Demokratie in einer Welt ohne Grenzen? Der Staatsrechtler Georg Jellinek (1851–1911) sagte: Zu einem Staat gehören drei Dinge, nämlich Staatsgebiet, Staatsvolk und Staatsgewalt. In schwachen Staaten oder *failing states* fehlt das dritte Element; dann kämpfen Clans, *Warlords* oder Terroristen um die Vorherrschaft. Unser Verständnis vom Staatsvolk hat sich verändert: Es ist offener als früher, weniger durch Abstammung und ethnische Zugehörigkeit geprägt. Um Staatsgebiete und Grenzziehungen wird immer noch gestritten und auch in Europa, wie der Russland-Ukraine-Konflikt zeigt, sogar gekämpft. Andererseits lösen sich Grenzen auf – im europäischen Schengenraum sind sie für Reisende kaum noch sichtbar. Das hat Folgen für die Demokratie, denn diese politische Ordnung hatte sich lange Zeit in der von Jellinek beschriebenen Staatlichkeit besonders wohl gefühlt.

Für den amerikanischen Historiker Charles Maier geht in den 1970er Jahren ein «territoriales», in klare räumliche Grenzen gefasstes Zeitalter der Moderne zu Ende. Nationalstaaten sind nicht mehr die unbestrittenen politischen Akteure, und viele Menschen wollen sich gar nicht mehr als Bürgerin oder Bürger eines Nationalstaats sehen, sondern als Europäer oder Kosmopoliten, oder als Berliner und New Yorker, als Brite und Inder zugleich. Sie machen hier und dort bei einer Bürgerinitiative mit und protestieren überall da auf der Straße, wo sie sich heimisch und verantwortlich fühlen. Aber wo geben sie ihren Stimmzettel ab, und wo haben sie Anspruch auf soziale Unterstützung?

Man sollte den Trend zur Entgrenzung jedoch nicht überschätzen. Gerade in Krisenzeiten wird deutlich, dass globale Politik weiterhin von den Nationen gemacht wird, deren (meist demokratisch legitimierte) Führer sich auf den G8- oder G20-Gipfeln treffen. Auch darf man die Verschiebung von Grenzen auf eine höhere Ebene nicht mit ihrer Auflösung verwechseln. Statt an der Grenze zwischen Deutschland und Frankreich wird an der Grenze der EU oder des Schengenraums kontrolliert. Manches verlagert sich, anderes wird komplizierter, weil die ältere Ebene – heute: der Nationalstaat – nicht verschwindet. Demokratie wird zu einem «Mehrebenensystem», nennen das die Experten. Das kann nicht nur «nach oben» Schwierigkeiten bereiten, sondern auch «nach unten», in der Verlagerung auf kleinere Einheiten, wie die Briten derzeit erfahren.

Dennoch besteht eine mehrfache Herausforderung: «Regieren jenseits des Nationalstaates» (Michael Zürn) ist schön und gut, aber die klar zugeschnittenen Institutionen, wie wir sie aus dem Grundgesetz kennen, fehlen häufig (noch). Die verschiedenen Ebenen sind nicht fein säuberlich sortiert, sondern mischen sich – eine nationale Regierung zum Beispiel trifft nicht auf eine Weltregierung, sondern auf ganz andere Akteure, auf große Konzerne oder auf NGOs. Und schließlich: Wo bleibt die Demokratie? Wissenschaftler sprechen häufig vom «legitimen Regieren» in einer entgrenzten, globalisierten Welt. Aber Konsens und stillschweigendes Einverständnis sind noch keine Demokratie, keine Regierung aus dem Volk, die wieder abberufbar wäre.

97. Ist Demokratie eine Ideologie? Demokratie ist mehr als eine bestimmte Regierungsform, mehr als die nüchterne Rezeptur für eine Herrschaftstechnik. Mit ihr verbinden sich weit verästelte Ideen, die kaum einen Bereich des Lebens unberührt lassen, außerdem Erwartungen an die Zukunft und die Vorstellung von einem historischen Entwicklungsprozess. Sie entfacht Leidenschaften und sieht sich als das moralisch Gute, das anderen Konzepten der Politik- und Lebensorganisation überlegen ist. Soziale Bewegungen sammeln sich hinter ihrer Fahne und werden durch ihre Ideen zusammengeschweißt.

Damit sind klassische Merkmale dessen erfüllt, was man eine moderne «Ideologie» nennt. Wenn die Zeit seit der Französischen Revolution und besonders das 20. Jahrhundert häufig als «Zeitalter der Ideologien» bezeichnet wird, ist die demokratische Bewegung und ihr Gedankengebäude ein wichtiger Teil davon.

Schon im 19. Jahrhundert erschien die Demokratie vielen Beobachtern als eine ideologische Angelegenheit, mit ihren für damalige Verhältnisse exaltierten Ideen von Freiheit und Gleichheit. Mit dem Untergang der alten bürgerlichen Ordnung im Ersten Weltkrieg entstand ein Kampf der Ideologien: mit den drei Polen des sowjetischen Kommunismus, der wenig später entstehenden faschistischen Bewegung und der liberalen Demokratie. In der Zeit des «Kalten Krieges», also nach dem Zweiten Weltkrieg, reduzierte sich dieser Konflikt auf den Zweikampf zwischen westlicher und östlicher Leitideologie.

Und doch gibt es ein begründetes Zögern. Gewiss gab es den großen politischen Dreikampf des 20. Jahrhunderts, aber war die liberale Demokratie dabei dem leninistisch-stalinistischen Kommunismus oder dem deutschen Nationalsozialismus vergleichbar? Wenn man unter Ideologie eine Bewegung und ein Gedankensystem versteht, das sich radikalisiert, dabei zugleich einkapselt, also gegen mögliche Einwände von außen immunisiert; ein System, das pseudowissenschaftliche Wahrheits- und Absolutheitsansprüche erhebt und dabei die Verbindung zur Realität verliert, bis hin zum eigenen Scheitern – dann passt der Begriff auf demokratische Ideen und Bewegung nicht mehr ohne weiteres. Es ist kein Zufall, dass die Wortbildung auf «-ismus» für die Demokratie fehlt: Kommunismus, Liberalismus, Faschismus – aber nicht «Demokratismus». Gelegentlich ist dieses Wort zwar benutzt worden, aber es hat sich nie durchgesetzt (auch nicht in anderen Sprachen). Wichtiger noch, während die anderen «Ismen» stolze Selbstbezeichnungen ihrer Verfechter sind, ist Demokratismus ein abwertender, die Herrschaft des Volkes verächtlich machender Begriff.

Tatsächlich ist die Demokratie vor allem von ihren Gegnern als «bloße» Ideologie gebrandmarkt worden, also in antidemokratischer Absicht. Dabei kann man eine rechte und eine linke Variante unterscheiden. Die erste, die konservative, sah in der demokratischen Ideologie den überzogenen, im Extremfall totalitär werdenden Anspruch auf Auflösung aller Traditionen und Institutionen im Namen einer beliebigen Freiheit und radikalen Gleichheit. Die andere, die linke, prägte einen Hauptstrang der marxistischen Bewegung, von Marx selber bis Lenin und darüber hinaus: Demokratie als bestenfalls bemitleidenswertes Konstrukt zur Verhüllung bourgeoiser Klasseninteressen. Demokratie als Ideologie? Hinter dieser Feststellung lauerten oftmals gefährliche politische Ziele.

Dennoch – nüchtern betrachtet, ist Demokratie gewiss (auch) eine Ideologie: ein kompliziertes, mit Wünschen befrachtetes Gedankenkonstrukt, das eine Harmonie seiner Bestandteile vorgaukelt, die an widersprüchlicher Wirklichkeit immer wieder scheitert. Im «nachideologischen Zeitalter», in dem wir seit dem späten 20. Jahrhundert stehen, fällt es leichter, diese Unvollkommenheit zuzugeben: Auch die Demokratie ist «abgekühlt», tritt weniger selbstgewiss auf als früher, mehr offen und experimentierfreudig.

98. Warum reden alle von Demokratie? Selten war irgendwann in der Geschichte so viel von Demokratie die Rede wie heute, wie am Ende des 20. und am Anfang des 21. Jahrhunderts. Vermutlich überhaupt noch nie, wenn man die globale Dimension von Debatten bedenkt, die früher auf Teile Europas und Nordamerikas beschränkt waren. Was hat das zu bedeuten? Egal ob man auf die Transparente und Forderungskataloge von Protesten schaut, auf städtischen Plätzen rund um die Welt, ob man Reden von Politikern und Zeitungsartikel analysiert, ob man die wissenschaftliche Forschung sichtet: Überall stößt man auf das Leitwort Demokratie. Für Optimisten ist das ein Zeichen für ihren Aufstieg und ihre globale Bedeutung. Auch wenn der Übergang in demokratische Regierungsformen an vielen Orten schwierig und mit Rückschlägen behaftet ist, nimmt doch die Einigkeit über das Ziel und die Vehemenz des öffentlichen Eintretens dafür zu. Keine Sorge, Demokratie wird nicht in Vergessenheit geraten! Für Pessimisten ist die derzeitige Konjunktur des Begriffes dagegen Anzeichen für eine der schwersten Krisen in der Geschichte der Demokratie: Wir reden so viel von ihr, weil es ihr schlecht geht, weil sie bedroht ist und zu verfallen droht, sei es angesichts einer Übermacht des globalisierten Kapitalismus, oder bloß noch konsumfixierter Bürgerinnen und Bürger, oder aus anderen Gründen.

So weit die Diagnosen auseinandergehen mögen, kommt in der Konjunktur des Redens von der Demokratie ein und dasselbe zum Ausdruck: Die Demokratie ist wie noch nie zuvor zur Projektionsfläche aller möglichen Erwartungen, Hoffnungen und Ängste geworden. Das heißt: Wir sagen «Demokratie», fordernd oder sorgend, wenn es um ganz unterschiedliche politische und soziale Problemlagen geht. Die Einhegung des Kapitalismus, die Gleichberechtigung von Frauen, globale Menschenrechte und Bildungschancen? Demokratie! Google sammelt zu viele Daten, die Reichen werden immer reicher, Menschen in Westafrika oder im Nahen Osten leiden Not? Demokratie! Der Ruf nach Demokratie, die Sorge um Demokratie ist der gemeinsame begriffliche Nenner für die globale Orientierung auf eine bessere Zukunft geworden. Es geht längst um viel mehr als um Wahlrecht, Gewaltenteilung oder die Unterscheidung zwischen präsidentiellem und parlamentarischem System.

Demokratie als Projektionsfläche: Das kann eine Gefahr, eine Überfrachtung mit sich bringen. Ist die Frauenquote in Aufsichtsräten ein existentielles Problem der Demokratie? Ist jede Wirtschaftskrise, oder die Herausforderung der Digitalisierung, immer gleich oder in erster Linie eine Demokratiekrise? Darin liegt die Gefahr einer Trivialisierung oder einer Enttäuschung an der Demokratie, wenn das Problem in Wirklichkeit zuerst woanders liegt. Aber vor allem zeigt das die Stärke und Sogkraft der demokratischen Idee. Vermutlich reden wir besser zu viel als zu wenig von der Demokratie.

99. Ist die Demokratie eine starke oder schwache Regierungsform? «So etwas muss eine Demokratie aushalten können»: Das hört man oft, wenn es um ein Verbot extremistischer Organisationen oder um innere Spannungen und Wertkonflikte geht, zwischen Freiheit und Gleichheit oder zwischen Gemeinwohl und Eigeninteressen. Muss man sich die Demokratie wie einen unbegrenzt leidenswilligen Menschen vorstellen, wie jemand, der nach der Empfehlung Jesu in der Bergpredigt dem Gegner auch noch die andere Backe hinhält, statt sich zu wehren? Diese Frage ist nicht nur in der praktischen Politik wichtig, zum Beispiel für den Umgang mit der rechtsradikalen NPD, sondern hat auch die politische Theorie und Philosophie der Demokratie immer wieder beschäftigt. Der amerikanische Philosoph Richard Rorty (1931–2007) hat der Demokratie empfohlen, mit leichtem Gepäck unterwegs zu sein. Das sollte heißen: Sie soll – sei es in der Theorie, sei es in staatlicher Praxis – nicht martialisch auftreten, gegenüber Feinden und Skeptikern nicht schwere Rüstung anlegen, und nicht zu viel und zu sperrigen ideologischen Ballast mitführen. Viel besser steht ihr demnach ein Pragmatismus, der Bescheidenheit, Selbstkritik und offene Flanken einschließt.

Die Antworten auf diese Frage haben sich gewandelt. In der Weimarer Republik neigten auch leidenschaftliche Anhänger der Demokratie zur Position der Schwäche und unbedingten Toleranz. Hans Kelsen (1881–1973) hielt es für das «tragische Schicksal» der Demokratie, «dass sie auch ihren ärgsten Feind an ihrer eigenen Brust nähren muss». Nach der NS-Diktatur definierte sich deshalb die Bundesrepublik als eine «wehrhafte» Demokratie. In der Gegnerschaft zum sowjetischen Kommunismus reisten die westlichen Demokratien, angeführt von den USA, mit «schwerem Gepäck», so dass die Verteidigung der Freiheit auch militante und illiberale Züge annahm wie in der Kommunistenhatz der McCarthy-Zeit oder im westdeutschen Radikalenerlass von 1972. In jüngster Zeit hat die Sympathie für die schwache Option wieder zugenommen. Aber sie wird, sei es durch Rechtsextremismus oder islamischen Fundamentalismus, ständig auf die Probe gestellt.

Eine bescheidene und selbstkritische Demokratie ist gewiss vorzuziehen, aber sie darf sich deshalb von ihren Gegnern nicht über den Tisch ziehen lassen. Aus der (vermeintlichen) Schwäche soll langfristig gerade Stärke und Überzeugungskraft wachsen. «Resilienz» ist ein neues Schlagwort der gesellschaftlichen Debatten: Diese geschmeidige, elastische Widerstandsfähigkeit gegenüber Herausforderungen vom Klimawandel bis zur Nachhaltigkeit der Sozialsysteme könnte eine Stärke der pragmatischen Natur von Demokratien im 21. Jahrhundert werden. Stärke in der Schwäche entsteht auch, wenn die Regierungsform Demokratie in Lebensformen, Mentalitäten und alltägliche Verhaltensweisen eingebettet ist – etwas, womit Kelsen noch nicht gerechnet hatte.

100. Droht demokratischen Gesellschaften Stagnation und Erstarrung? Demokratien sind expansiv und dynamisch: Fortschrittliche politische Entwicklung und technologisch-ökonomische Innovationskraft sind zwei Seiten derselben Medaille. In der großen Prosperität der Nachkriegszeit, den «goldenen Jahrzehnten» bis 1975, schien sich ein seit dem 18. Jahrhundert erkennbares Muster endgültig zu bestätigen: Die kapitalistisch-industrielle und die demokratische Revolution entstanden zwischen England und Holland, der Ostküste Nordamerikas und Nordfrankreich aus gemeinsamer Wurzel und trieben sich immer wieder gegenseitig voran. Seit 1949 galt das auch für die Bundesrepublik, für den Zusammenhang von Grundgesetz und Wirtschaftswunder. Diese Standarderzählung der westlichen Geschichte hat seit einigen Jahrzehnten Risse bekommen. Zwar lassen sich solche doppelten Erfolgsgeschichten auch in jüngster Zeit entdecken: in Polen seit 1989 oder, trotz der jüngsten Krisen, im rasanten Aufstieg Spaniens nach der Franco-Diktatur. Aber die dynamischsten Zonen der Weltwirtschaft liegen inzwischen außerhalb des Westens – und außerhalb der Demokratie, wie in China. Die westlichen Volkswirtschaften haben sich an geringe Wachstumsraten und Stagnation gewöhnen müssen.

Das ist, einerseits, eine historische Zäsur mit noch offenen Folgen.

Andererseits stehen die Demokratien weiterhin nicht so schlecht da, wenn man berücksichtigt, dass die Maßstäbe von Innovation und Fortschritt sich verändert haben. Die Phase der Großprojekte und des BIP-Wachstumsfetischismus ist vorbei – daran ändern auch rasante Nachzügler wie China oder die Türkei nichts, deren Dynamik in ein, zwei Jahrzehnten ebenfalls abflachen wird. Die demokratischen Gesellschaften selber sind dabei, die Kriterien von gutem Leben und sozialer Innovation zu verschieben. Man kann viele Beispiele nennen: Ökologie, ein neues Verständnis von nachhaltiger Wirtschaft, eine «Energiewende». – Neue Ideale von offener und inklusiver Gesellschaft, zum Beispiel die Gleichberechtigung homosexueller Lebensentwürfe oder die möglichst weitgehende Inklusion von Behinderten. – Lebensstile und kulturelle Experimente, die zunächst bestenfalls belächelt werden und sich dann breiter durchsetzen.

Wohin man blickt, sind es auch im 21. Jahrhundert zuerst demokratisch verfasste Staaten, die neue Ideen ausbrüten, sie kontrovers diskutieren und sie politisch umzusetzen versuchen. Dabei geht die Dynamik weniger als früher vom politischen System, von demokratischen Regierungsapparaten aus, wie das im 20. Jahrhundert häufig der Fall war – im *New Deal* der USA der 1930er Jahre oder in der reformerischen Bundesrepublik um 1970. Die Impulse kommen vielmehr aus einer «offenen Gesellschaft» (Karl R. Popper), die ebenso Voraussetzung wie Folge demokratischer Staatsordnung ist. Von Stagnation und Erstarrung kann jedenfalls keine Rede sein. Demokratien bieten Freiheitsräume auch für «Schräges», und sie sind Verhandlungsräume für Unbekanntes und Strittiges. Ob sie die besseren Lösungen finden, bleibt offen.

101. Wie nennen wir die Demokratie der Zukunft? Demokratie ist weder beliebig noch starr und eindeutig. Früher sprach man, um auf besondere Merkmale oder unterschiedliche Varianten hinzuweisen, von der «westlichen Demokratie» oder grenzte das präsidentielle System vom parlamentarischen ab. Solche Unterscheidungen, auch die zwischen Konkordanz- und Konfliktdemokratie, oder zwischen repräsentativer und direkter Demokratie, sind weiterhin unverzichtbar. Aber ihre Bedeutung tritt in der Wissenschaft und erst recht in der öffentlichen Debatte zurück. Denn viele sind sich einig: Wir erleben seit dem späten 20. Jahrhundert eine tiefgreifende Veränderung von Demokratie. Sie lässt sich nicht mehr auf die klassischen Begriffe bringen, die sich seit dem 19. Jahrhundert herausgebildet haben und nach dem Zweiten Weltkrieg gerade auch in der Bundesrepublik kanonische Gestalt annahmen. Verfassung, Parteien, Parlament: In diesem Dreieck geht Demokratie inzwischen nicht mehr auf.

Aber wohin geht die Entwicklung, was ist der markanteste Trend, und wie lässt er sich schlagwortartig bündeln? Wenn etwas zu Ende geht, das Neue aber noch diffus ist, hilft man sich gerne mit «Post»-Begriffen. Also «Postdemokratie»? Aber offensichtlich geht die Demokratie keineswegs ihrem Ende entgegen. Insofern ihre «klassische» Ausprägung, insbesondere als repräsentativ-parlamentarische Demokratie, ihren Zenit überschritten hat, kann man besser von postklassischer oder post-repräsentativer Demokratie sprechen. Der Politikwissenschaftler Klaus von Beyme sagt: Nicht Post-, sondern «Neodemokratie». Aber was ist das Neue? Es ist die unmittelbare Partizipation der Bürgerinnen und Bürger – also: «partizipatorische Demokratie». Es ist der Einfluss der Digitalisierung, der sozialen Medien – also «Demokratie 2.0». Neu ist aber vor allem, dass das Institutionen- und Handlungsfeld Demokratie vielfältiger und unübersichtlicher wird. Die «Mehrebenendemokratie» gilt nicht nur vertikal, von der lokalen Ebene über die Nation bis zur EU und darüber hinaus, sondern auch horizontal, im Gewusel von Beteiligung und Entscheidung zwischen Parlament und Protest, Volksabstimmung und Gerichtsentscheidung, Parteien und NGOs. Eine vielschichtige, eine vielfältige, eine Multidemokratie bildet sich heraus. Und weil nicht immer eindeutig, zum Beispiel durch die Verfassung, festgelegt ist, wann welche Ebene zum Zuge kommt, entsteht zugleich eine diffuse, eine verwischte Demokratie.

Man kann all das jedoch auch als Begriffsspiele zur Seite wischen und sagen: Wir nennen es weiterhin Demokratie. Dass damit heute nicht dasselbe gemeint ist wie in der Antike oder wie 1870 oder noch 1970, ist selbstverständlich.

Literaturhinweise:
Mehr wissen, weiter denken, vertieft studieren

Mehr wissen

Bleicken, Jochen, Die athenische Demokratie, Paderborn 1995

Dunn, John, Democracy. A History, New York 2006

Nolte, Paul, Was ist Demokratie? Geschichte und Gegenwart, München 2012

Salzborn, Samuel, Demokratie. Theorien, Formen, Entwicklungen, Baden-Baden 2012

Schmidt, Manfred G., Das politische System Deutschlands, München 2011

Schmidt, Manfred G., Demokratietheorien. Eine Einführung, Wiesbaden 2006

Stüwe, Klaus u. Gregor Weber (Hg.), Antike und moderne Demokratie. Ausgewählte Texte, Stuttgart 2004

Vorländer, Hans, Demokratie. Geschichte, Formen, Theorien, München 2003

Winkler, Heinrich August, Der lange Weg nach Westen. Deutsche Geschichte vom Ende des Alten Reiches bis zur Wiedervereinigung, 2 Bde., München 2000

Weiter denken

Agamben, Giorgio u. a., Demokratie? Eine Debatte, Berlin 2012

Benhabib, Seyla u. a., Kosmopolitismus und Demokratie. Eine Debatte, Frankfurt 2008

v. Beyme, Klaus, Von der Postdemokratie zur Neodemokratie, Wiesbaden 2013

Crouch, Colin, Postdemokratie, Frankfurt 2008

Elter, Andreas, Bierzelt oder Blog? Politik im digitalen Zeitalter, Hamburg 2010

Embacher, Serge, Baustelle Demokratie. Die Bürgergesellschaft revolutioniert unser Land, Hamburg 2012

Ginsborg, Paul, Wie Demokratie leben, Berlin 2008

Hardt, Michael u. Antonio Negri, Demokratie! Wofür wir kämpfen, Frankfurt 2013

Höffe, Otfried, Ist die Demokratie zukunftsfähig?, München 2009

Mouffe, Chantal, Das demokratische Paradox, Wien 2008

Möllers, Christoph, Demokratie – Zumutungen und Versprechen, Berlin 2008

Müller, Tim B., Nach dem Ersten Weltkrieg. Lebensversuche moderner Demokratien, Hamburg 2014

Zeh, Juli, Die Diktatur der Demokraten. Warum ohne Staat kein Recht zu machen ist, Hamburg 2012

Vertieft studieren

Diamond, Larry u. Marc F. Plattner (Hg.), Democracy. A Reader, Baltimore 2009

Dunn, John (Hg.), Democracy. The Unfinished Journey, 500 BC to AD 1993, New York 1994

Fraser, Nancy, Widerspenstige Praktiken. Macht, Diskurs, Geschlecht, Frankfurt 1994

Gerhardt, Volker, Partizipation. Das Prinzip der Politik, München 2007

Habermas, Jürgen, Die Einbeziehung des Anderen. Studien zur politischen Theorie, Frankfurt 1996

Hamilton, Alexander u. a., Die Federalist Papers, hg. v. Barbara Zehnpfennig, München 2007

Jörke, Dirk, Kritik demokratischer Praxis. Eine ideengeschichtliche Studie, Baden-Baden 2011

Keane, John, The Life and Death of Democracy, London 2009

Krämer, Gudrun, Demokratie im Islam, München 2011

Lamla, Jörn, Verbraucherdemokratie. Politische Soziologie der Konsumgesellschaft, Berlin 2013

Leibfried, Stephan u. Michael Zürn (Hg.), Transformationen des Staates?, Frankfurt 2006

Merkel, Wolfgang, Systemtransformation, Wiesbaden 2010

Mill, John Stuart, Betrachtungen über die Repräsentativregierung, Berlin 2013

Müller, Jan-Werner, Das demokratische Zeitalter. Eine politische Ideengeschichte Europas im 20. Jahrhundert, Berlin 2013

Nippel, Wilfried, Antike oder moderne Freiheit? Die Begründung der Demokratie in Athen und in der Neuzeit, Frankfurt 2008

Offe, Claus (Hg.), Demokratisierung der Demokratie. Diagnosen und Reformvorschläge, Frankfurt 2003

Rousseau, Jean-Jacques, Gesellschaftsvertrag oder Grundsätze des Staatsrechts, Stuttgart 2003

de Tocqueville, Alexis, Über die Demokratie in Amerika, Stuttgart 1986

Westbrook, Robert B., John Dewey and American Democracy, Ithaca 1991

Wolfrum, Edgar, Die geglückte Demokratie. Geschichte der Bundesrepublik Deutschland von ihren Anfängen bis zur Gegenwart, Stuttgart 2006

Bildnachweis

Seite 5 (oben) und 11 «Die Freiheit führt das Volk», Gemälde von Eugène Delacroix, 1830 © Imagno/ullstein bild, Berlin *Seite 5 (Mitte) und 15* Ledereinband des Grundgesetzes der Bundesrepublik Deutschland, 1949 © ullstein bild, Berlin *Seite 5 (unten) und 27* Erste Sitzung der Nationalversammlung in der Frankfurter Paulskirche, 1848. Holzstich nach zeitgenössischer Zeichnung von Vantadour, um 1890 © akg-images, Berlin *Seite 6 (oben) und 43* Denar mit Darstellung eines Wählers bei der Stimmabgabe, 44 v. Chr. © akg-images, Berlin *Seite 6 (Mitte) und 57* «Erklärung der Menschen- und Bürgerrechte, 1789», Gemälde von Jean-Jacques-François Le Barbier (Der Älteste, zugeschrieben), Öl auf Holz © Roger-Viollet/ullstein bild, Berlin *Seite 6 (unten) und 69* Bundeskanzler Willy Brandt, 1969 © dpa/ullstein bild, Berlin *Seite 7 (oben) und 83* Suffragetten-Demonstration, 1906 © TopFoto/ullstein bild, Berlin *Seite 7 (unten) und 95* «Lieder ohne Worte – Michel in der Monarchie» (Karikatur auf die Unfreiheit der Deutschen), aus: Eulenspiegel, 1848 © akg-images, Berlin *Seite 8 (oben) und 105* Der ehemalige «Kanzlerbungalow» im Park des Palais Schaumburg, Bonn. Architekt: Sep Ruf © wolterfoto/ullstein bild, Berlin *Seite 8 (unten) und 119* Studentenproteste auf dem Platz des Himmlischen Friedens (Tiananmen) in Peking, 1989 © AP/ullstein bild, Berlin *Seite 9 (oben) und 133* Deutscher Bundestag, 27. April 2007 © flickr *Seite 9 (unten) und 147* Straße durch Arizona, USA © blickwinkel/A. Held/picture alliance, Frankfurt/Main

Leider war es nicht in allen Fällen möglich, die Inhaber der Rechte zu ermitteln. Wir bitten deshalb gegebenenfalls um Mitteilung. Der Verlag ist bereit, berechtigte Ansprüche abzugelten.